地方公共图书馆
建设和发展研究

赵嘉玲 ◎ 主编

四川大学出版社
SICHUAN UNIVERSITY PRESS

图书在版编目（CIP）数据

地方公共图书馆建设和发展研究 / 赵嘉玲主编．—
成都：四川大学出版社，2023.10
ISBN 978-7-5690-5923-6

Ⅰ．①地… Ⅱ．①赵… Ⅲ．①公共图书馆－图书馆管
理－研究－南充 Ⅳ．① G259.277.14

中国国家版本馆 CIP 数据核字（2023）第 015604 号

书　　名：地方公共图书馆建设和发展研究
　　　　　Difang Gonggong Tushuguan Jianshe he Fazhan Yanjiu
主　　编：赵嘉玲

选题策划：梁　平
责任编辑：梁　平
责任校对：李　梅
装帧设计：裴菊红
责任印制：王　炜

出版发行：四川大学出版社有限责任公司
　　　　　地址：成都市一环路南一段 24 号（610065）
　　　　　电话：（028）85408311（发行部）、85400276（总编室）
　　　　　电子邮箱：scupress@vip.163.com
　　　　　网址：https://press.scu.edu.cn
印前制作：四川胜翔数码印务设计有限公司
印刷装订：四川五洲彩印有限责任公司

成品尺寸：170 mm×240 mm
印　　张：10.75
字　　数：203 千字

版　　次：2023 年 10 月 第 1 版
印　　次：2023 年 10 月 第 1 次印刷
定　　价：58.00 元

扫码获取数字资源

四川大学出版社
微信公众号

编委会

前　　言

　　南充市作为川东北区域最早设立公共图书馆的地区，现一市三区六县共有10个公共图书馆。近年来，南充市图书馆带领全市公共图书馆积极贯彻执行《中华人民共和国公共图书馆法》《中华人民共和国公共文化服务保障法》，构建覆盖全市的公共文化服务体系，实现资源整合与共享，加强馆际合作，保障市民基本文化权益、满足市民基本文化需求，提供高效优质的公共服务。全市建成联合制总分馆模式，以县级图书馆为核心总馆，建设涵盖机关图书室、中小学校图书馆、部队图书室、企业工会图书室、社区图书室、乡镇图书室、农家书屋等社会各领域的分馆，实现各级各类图书馆之间资源的合理调配、有效利用以及服务的有效联动，提升图书馆行业整体服务效能。

　　经过多年不懈努力，南充市公共图书馆获得诸多成绩和荣誉。2016年，全市公共图书馆助力我市成功创建第二批国家公共文化服务体系示范区，并于2022年通过了文旅部关于国家公共文化服务体系示范区创新发展的复核，获得西部地区第6名，考核结果为优秀。南充市图书馆前身是胡耀邦同志命名的"川北人民图书馆"，是川东北地区建馆最早、藏书最多的公共图书馆。作为国家一级图书馆，南充市图书馆同时也是"全国古籍重点保护单位"，中国图书馆学会"全民阅读示范基地""阅读推广星级单位"，四川省图书馆学会"全民阅读先进集体"；阆中市图书馆"千年古城·万家书香"全民阅读文旅共建项目被评为四川省优秀文化品牌；高坪区图书馆被四川省文化和旅游厅、四川省精神文明办联合命名为"公共文化设施学雷锋示范单位"；蓬安县图书馆抚琴书城分馆被四川省图书馆、四川省图书馆学会评为四川省全民阅读"三个一百"示范工程中的特色阅读空间示范单位。

　　在全市公共图书馆的业务建设过程中，图书馆人的业务水平也有极大的提高。他们从文献资源建设与服务、阅读推广、信息技术应用、古籍与民国文献保护、综合管理五个方面，总结出诸多的基层工作经验，用理论联系实际、理论推动实际，不断提升用优质文化资源全面服务于民的业务技能，为广大人民群众搭建文化传播的廊桥。

编　者

目　　录

第三篇　信息技术应用篇

第四篇　综合管理篇

第一篇

文献资源建设与服务篇

大数据时代图书馆服务创新的内容及其策略分析

邓诗询

（南充市图书馆　四川南充　637000）

摘　要：大数据是历史发展的必然趋势。在大数据时代背景下，各行各业逐渐实现了网络化、数字化的管理，先进的管理模式转而推动了各行各业的发展。在大数据时代，只有充分利用大数据，才能获得更好的发展。承载信息传递使命的图书馆，需要充分利用大数据的优势，发挥大数据的作用，创新图书馆服务，探索出图书馆服务创新的有效策略，以实现图书馆作用的最大化。

关键词：大数据时代；图书馆服务创新

随着我国科技的进步，大数据的发展为社会发展指出了新的方向，提供了有力支持。图书馆的职能是为人们提供信息服务，在大数据时代下，图书馆的信息服务也应该与时俱进，实现信息载体的数字化、信息服务的网络化；并根据不同人群的需求提供不同的信息服务，使信息服务更加科学、完善，践行"以读者为中心"的人性化信息服务理念。

一、大数据时代图书馆服务创新的主要内容

（一）确定图书馆服务创新的方向

在大数据时代背景下，图书馆的工作方式发生了一系列变化，图书馆不仅可以为各行各业的发展提供有效的信息支持，而且可以为教师、学生提供更多获取知识的渠道。通过信息服务的有效开展，各行各业的发展也逐渐优化。在新时代，各行各业都在寻求新的发展方向，在发展中不断创新。在创新与发展的过程中，需要以信息作为依据，这为图书馆服务职能的创新提供了可靠的辅助条件。在社会发展的过程中，图书馆逐渐建立了新型的服务体系，优化了信

息资源，间接推动了图书馆服务效率的提高。在大数据时代，图书馆的服务方式逐渐发生变化，图书馆结合大数据技术，可为服务的创新提供有利基础。图书馆管理人员需要对信息服务的情况进行全面分析，同时了解用户的信息化需求，根据用户的需求制定服务创新的方向。

图书馆在服务中融入"以人为本"的理念，充分体现出了社会发展的人性化特征。图书馆管理人员需要在"以人为本"理念的基础上，确定图书馆服务创新的模式和方向，有效提高信息服务的针对性。在"以人为本"理念的基础上进行服务创新，不仅可以提升服务质量，还可以满足用户的多元化需求，逐渐加强信息服务的针对性，从而提高信息服务的效率。现阶段图书馆的服务功能仍然存在不足，具有很大的提升空间。图书馆管理人员需要完善服务功能，将数字图书馆与传统图书馆有效融合，做好信息的采集、推送、筛选、管理等一系列工作，逐步提升信息资源的利用率，使信息服务更加契合用户的需求，方便用户搜查信息，为图书馆服务创新提供有力的支持。

（二）创建图书馆服务的新模式

图书馆需要构建新型的服务理念以及价值取向。管理人员可以结合图书馆服务的优势，依据国内外的相关行业标准对图书馆的大数据服务进行重构，打造出图书馆服务的大众化、个性化平台，实现服务理念、价值取向的科学化、法制化。第一，利用大数据的语义技术、网络技术等构建图书馆异地资源服务，实现异地资源的共享服务模式，为用户提供系统、科学的信息资源服务；第二，将大数据的优势与图书馆协作网、联盟网等有效结合，构建图书馆的移动服务模式以及远程服务模式，提高用户获取信息的便利性，为用户提供人性化的学习模式。

（三）创新图书馆服务的新技术

利用大数据技术中的语义引擎、数据挖掘算法、可视化分析等技术，可以实现异地图书馆资源的共享、提取、分析等，对大量复杂的图书馆信息数据进行处理。通过先进的技术加快图书馆创新服务平台的升级，逐步实现大数据技术与图书馆技术的有效衔接，实现图书馆技术的智能化。管理人员可以利用云服务实现异地图书馆服务系统与本地图书馆服务系统的有效衔接，实现图书馆资源共享，使资源利用率逐步提高。

二、图书馆服务创新的有效策略

(一) 提升工作人员的服务意识、水平

图书馆管理人员对图书馆的日常运营及发展、图书馆服务创新都发挥着重要作用。图书馆管理人员的有效管理可以维持图书馆与用户之间的良好关系，使图书馆的服务水平不断提高。因此，图书馆需要逐步提高管理人员的服务意识、服务水平，使管理人员认识到服务创新的重要性，并积极融入服务创新工作当中，在创新服务中贡献力量。大数据中包含诸多的先进技术，为了充分发挥大数据的作用，需要定期对图书馆管理人员进行技术方面的培训，通过培训增加管理人员对技术的认识，提高管理人员应用技术的能力，使管理人员将先进技术与图书馆服务创新有效融合，有效提高图书馆的服务创新能力。图书馆还应努力维护与用户之间的关系。保持用户与图书馆之间的合作关系可以从以下几点入手：第一，对用户的行为进行科学管理，完善用户档案管理制度，建立良好的服务体系。第二，对图书馆用户档案管理系统而言，不仅要将图书馆内的信息传递给用户，还需要分析用户的反馈意见，为图书馆的未来规划、发展提供依据。第三，图书馆管理人员需要统计用户反馈的内容，从反馈内容中提取有效的信息资源，以及时调整馆藏资源。第四，图书馆管理人员需要与时俱进，利用先进的管理技术推进图书馆服务创新工作，使图书馆的信息服务更加科学，满足用户的多元化服务需求。

(二) 大数据技术对提高图书馆服务竞争力的作用

在图书馆服务创新过程中需要充分发挥大数据的作用，利用大数据规范信息的获取、处理、存储等一系列环节，在提高信息资源利用率的基础上，逐步完善图书馆信息资源体系，从而逐步提升图书馆的服务竞争力，逐步推进图书馆服务创新的开展。图书馆管理人员需要分析大数据时代的发展趋势，将大数据的发展与图书馆服务创新有效融合，根据用户搜索频率获取有效的信息资源，增加信息获取渠道，丰富图书馆的馆藏资源，并做好信息资源的处理、推送等工作，为用户提供更加优质的图书馆服务。利用大数据技术可以为用户推送相应的信息，保障信息推送的时效性、合理性，这样可缩短用户的文献检索时间，提升图书馆的服务效率。在图书馆服务创新的过程中，要根据"以人为本"的服务理念做好用户数据的收集、整理、分析等工作，以便根据用户的具

体需求提供有针对性的服务，使用户在获取信息服务的过程中节省时间。大数据技术的充分利用可以为图书馆服务创新的实践提供技术支持，并提升图书馆的服务竞争力。

（三）利用科学的创新方式提升图书馆的服务质量

在大数据时代，可以将图书馆服务创新与大数据技术有效结合。在以大数据技术作为支撑的基础上，科学地选择创新方法，全面分析图书馆服务创新的各个要素，确保选择的创新服务方法与大数据时代的需求相符。在创新的过程中，管理人员需要充分把握社会整体环境，分析图书馆服务创新的主要内容，促进战略规划的有效形成。在创新中应用数据流图、结构分析等方法，优化图书馆服务结构。此外，管理人员需要对异地资源结构进行科学的处理、分析，做好异地资源与本地资源的有效融合，在丰富信息资源的基础上开创图书馆信息服务的新纪元。

结语

在大数据时代，先进的信息技术逐渐融入社会各个领域，推动了各行各业的发展，也为各行各业的发展带来了新的方向。对于图书馆而言亦是如此。创新图书馆服务可以提升图书馆服务质量，使信息资源得到充分利用，从而增加信息资源的价值。图书馆管理人员可以将大数据技术与图书馆服务创新有效融合，利用大数据中的先进技术为图书馆服务创新提供技术支持；同时可以利用大数据中的先进技术做好图书馆服务创新的分析、发展工作，为图书馆服务创新工作的开展提供指导，在提高图书馆服务质量的基础上，探索图书馆服务的新型发展路径。

参考文献：

[1] 张冬梅，刘红芝，戈妍妍. 我国图书馆大数据建设研究综述 [J]. 图书情报导刊，2018（11）：73-78.

[2] 万丽媛. 大数据时代图书馆服务创新内容及策略 [J]. 黑龙江科学，2018（21）：140-141.

[3] 李树青，丁浩，徐侠. 大数据时代数字图书馆用户服务思考 [J]. 情报学报，2018（6）：569-579.

[4] 王丹. 基于内容的图书馆大数据知识脉络研究 [J]. 图书馆学研究，2017

（16）：8—17.

[5] 张国杰. 大数据视角下图书馆服务发展走向及策略研究 [J]. 图书馆工作与研究，2014（6）：8—12.

[6] 杨海亚. 提供公共智慧服务：大数据时代图书馆服务模式创新 [J]. 新世纪图书馆，2014（3）：10—14.

作者简介：

邓诗询，男，汉族，南充市图书馆办公室主任，图书资料馆员。

山区图书馆如何为乡村振兴服务

李晓嫦

（阆中市图书馆　四川阆中　637400）

摘　要：山区图书馆理应在乡村振兴的历史进程中发挥作用。图书馆可通过加强服务体系及资源建设、成立人才培训中心、开展个性化服务等措施，面向"三农"精准服务，丰富农民生活。

关键词：山区图书馆；乡村振兴；服务

实施乡村振兴战略，具有十分重要的战略意义，是实现我国现代化的重要内容，是解决人民日益增长的美好生活需要和不平衡不充分的发展之间矛盾的必然要求。实现乡村振兴战略也为山区图书馆的建设带来了新的机遇，对山区图书馆的服务提出了新的要求。

一、提高认识

要使农民生活富裕，就必须提高农民的文化水平，这是山区图书馆的职责和义务。

二、完善体制机制

乡村振兴是一个宏大的话题，除涉及农业农村、自然规划、城乡建设、水利林业等政府部门外，山区图书馆作为农村公共文化机构，也应投身其中。山区图书馆要突出"重围"、融入新机制，以相应的法律、法规或规章制度作为工作指南和行为准则。

三、参与规划

实施乡村振兴，必须规划先行，特别是项目设计方案必须优化。2018年至2020年，阆中市图书馆开展了全市农村产业、特色文化、文物古迹、古镇（村）历史人文、自然保护区、景区景点等二十余项资源普查，建立了独具特色的乡村振兴基础数据库。同时，图书馆参与了思依镇大益湾村、东兴乡宝安村、天宫镇五龙村、天宫镇天宫院村、洪山镇良善垭村、飞凤镇桥亭村等村（镇）的新农村建设及规划方案设计，为规划提供了基本数据，从而使这些村（镇）的建设独具特色：产业兴旺、生态宜居、乡风文明、治理有效、生活富裕。2019年，上述村镇被四川省命名为示范村（镇）。

四、完善服务体系

阆中市图书馆利用新兴媒体的优势，充分结合文字、声像、网络等多形态传播媒介，通过手机、便携式阅读器、互联网等信息载体，满足农民文化生活需求，实现了村村4G网络全覆盖。

除此之外，阆中市图书馆还开展了三项服务：一是对全市乡村产业和重点农户进行跟踪调查，先后对50个乡镇、村产业，138个农户建立了信息服务登记卡和网络信号，跟踪服务；二是选题服务，为乡镇领导提供《要情通报》《信息参考》《产业指南》等，编印《科学养猪》《科学养牛》等资料送给养猪、养牛农民，为农村养殖业的发展提供支持；三是开展"五代"服务（代借图书、代查资料、代购资料、代复印资料、代培供销员），抽出专门人员负责开展"五代"服务活动，形成了以图书馆为核心的文化网络。

五、资源建设

"加快乡村文化资源数字化，让农民共享城乡优质文化资源"是山区图书馆的义务。阆中市图书馆针对阆中乡村振兴的实际情况，重新设计了藏书结构。一是通过"影像记录"与"数字馆藏"等推行"乡村记忆工程"，收藏好乡村文化记忆，让更多的读者能找到"根"的归属感，留住乡愁，补齐乡村文化资源数字化的短板；二是在调查"三农"资料需求的基础上，购买实用的农业技术、产品销售、技能培训等方面的文献资料，方便农民取阅；三是充分利用现有馆藏资源，自行编制"三农"资料数据库，对信息资源深度加工，助力乡村振兴。

六、建立人才培训中心

山区图书馆要把加强人才队伍建设作为参与乡村振兴战略的总抓手。要对基层党支部带头人进行"知识交流"。一个好的带头人，能抓出一个好班子、建设一个好村子，尤其是切实发挥基层党组织在农村改革发展中的领导核心作用。同时要与农民进行"知识交流"，提升他们的科学素养，培养职业农民，增强其创新创业和就业本领。另外，要讲好本村优秀的传统文化故事，建立起人与村庄的情感联系。

七、助产业

乡村产业发展是实施乡村振兴的必备要素。目前，乡村产业的发展存在着两大矛盾：一方面是发展质量和效益不高，传统产业转型升级乏力，特色产业培育困难，对增加农民收入、助力乡村振兴作用不明显，群众缺乏效益良好的增收产业，部分群众仍然存在"等靠要"思想；另一方面是绿色产业的发展力度不够，农业的社会化体系有待进一步完善。针对上述情况，阆中市图书馆主动当好产业发展的"市场顾问"，为农民当参谋出主意：

（1）选准"接轨"点。从调查研究开始，了解农民在想什么、干什么，从而引导农民面向市场选项目，根据项目定"市场田"，把"市场田"、农民的产业和流通联结起来，实现与市场的"全方位"接轨。在筛选信息时，必须遵循下列原则：相同的信息应立即认可；不同的信息取权威性意见；有争议的信息必须多方查找资料，认真分析；完全相反的信息必须观察一段时间后再确认；虚假的信息，应联系实际识别判断；拿不准的信息必须向行家请教；有价值的信息必须进行可行性研究；必须注意在项目计划中考虑能源供应、交通运输等因素。只有这样，才能得到有价值的信息，让农民少走弯路。

（2）研究商情。农民要面向市场搞产业，上市场推销产品，有时难免会出现信息不灵、销售不畅等现象。一方面，山区图书馆要为他们提供可靠的购销信息，协助他们与代销商、客户签订供货合同，减少经营风险，从而使他们面向市场搞产业，达到未产先销的目的。另一方面，要了解农民基本情况，帮扶措施要具体落细，工作留痕要实事求是。笔者与馆里的三位同志，三年来 400

余次到凉水镇七羊山村精准扶贫，到贫困户家中同吃同住，调查了解情况，以找准贫困的主要原因。而后，对他们 2017 年度收支情况进行细致核对，然后因户施策，对症下药，精准帮扶。同时，将调查的 18 户贫困户的情况上报主管部门，请求解决。在馆里资金紧缺的情况下，我们 4 月和 6 月份两次对 18 户贫困户进行了不同程度的帮扶。2014 年，该村人均收入 2000 多元，到 2020 年人均收入达到了 8000 余元，该村的贫困户家家户户住上了好房子，过上了好日子，水、电、闭路电视、水泥路全通。在养殖技术、种植技术和健康医疗等方面均有明显的改善，贫困户的思想、文化素质均有显著提升，邻里之间更和睦，环境卫生更美好。

（3）文旅融合。近几年来，我们认真挖掘乡村的历史价值、旅游元素与文化内涵，助推文化与旅游互融共生，打造特色文旅融合品牌。阆中市五马、文成两镇依托本地农业特色资源，建成五东中药材现代农业园区，覆盖五马、文成两个镇 4 个村、2600 户农户：依托园区中药材产业优势，提高了中药材规范化种植水平，配套沟、池、渠、路、停车场等基础设施，建设村民聚居点两处；在园区成片种植具有观赏价值的白芍 500 余亩，举办芍药花旅游节，拓展农业功能，探索旅游观光、农事体验、药膳养生等，逐步将园区变景区，产业变风景，让特色产业"唱戏"，让游客远离城市喧嚣，走进山水田园，在花海中赏花、摘花，真正感受美景；产品变商品，许多游客在赏花之余参与了川明参采挖体验，并将自采川明参鲜品带回家；阆中药材专业合作社开发出了川明参炖土鸡、川明参泥、清蒸川明参等特色美食；周边农民也以"旅游节"为契机办起了农家乐，受到了游客的追捧和好评。首届芍药花旅游节的举办也带动了当地农户土鸡、土鸭、豌豆、胡豆等农产品的销售。

（4）古村落保护与乡村振兴有机融合。如圆山子村是阆中有名的古村落，我们数次与相关部门商议，建立了"政府牵头、部门配合、社会参与、村为主体"的工作管理机制，建设生态文明。

结语

山区图书馆要树立现代图书馆职能理念，发扬职业精神，加强乡村振兴所需要的馆藏文献资源建设，实现馆藏数字化资源、文献资源和网络信息资源之间的整合。不断改变服务方式，努力提高服务质量，完善对已脱贫农户的调查，了解其信息需求，当好农民的"市场顾问"。山区图书馆要根据农民实际需求，开展个性服务；将农民的教育培训、图书阅读、科技科普推广、文体娱乐等活动融于一体；让乡村文化建设发挥凝聚人心的作用，促进乡村文化产业的发展；推进乡村文化资源建设，促进乡村传统文化的现代化转型，为乡村振兴注入更多文化元素。

参考文献：

[1] 王嘉陵，何光伦. 现代视野下省级图书馆职能演变及定位 [J]. 中国图书馆学报，2019 (2)：57－68.

[2] 闫小斌. 新时代农村图书馆建设：从保障基本权利到创新发展 [J]. 图书馆建设，2020 (3)：109－113.

[3] 申晓娟，李丹.《中华人民共和国公共图书馆法》立法侧记 [J]. 图书馆建设，2018 (1)：7－17.

[4] 芦硕. 试论公共图书馆职业精神的培育 [J]. 图书馆工作与研究，2015 (1)：53－55.

[5] 易虹，张冰梅，詹洁. 以信息弱势群体为导向的公共图书馆信息无障碍服务探究 [J]. 图书馆工作与研究，2015 (1)：78－82.

[6] 朝乐门. 信息资源的管理理论的继承与创新：大数据与数据科学视角 [J]. 中国图书馆学报，2019 (2)：26－40.

[7] 陈庚，李婷婷. 农家书屋运行困境用其优化策略分析 [J]. 图书馆建设，2020 (3)：99－107.

作者简介：

李晓嫦，女，汉族，阆中市图书馆流通部主任，图书资料馆员。

司马相如文献数据库建设研究

王杰书

（蓬安县图书馆 四川南充 637800）

摘 要：建设司马相如文献数据库是蓬安县图书馆一项具有开创性的工作，填补了南充地方历史名人文献数据库建设的空白。本文对该库建设的必要性、可行性、建库的原则、内容以及后续建设等问题进行了探讨。

关键词：司马相如；数据库；建设研究

2020 年 6 月 9 日，经四川历史名人文化传承创新工程领导小组会议审议，司马相如被评为第二批四川历史名人。蓬安县图书馆抓住时机，建设司马相如文献数据库，是将中华优秀传统文化创造性转化、创新性发展的大胆实践，是蓬安乃至南充在文化创新上的重要一笔，对于蓬安及整个南充主题旅游线路打造、文化软实力和影响力提高具有重大意义。

一、司马相如文献数据库建设的必要性

司马相如是西汉时期巴郡安汉（今四川蓬安）人，生于公元前 179 年（汉文帝元年），卒于公元前 118 年（汉武帝元狩五年）。汉代最重要的文学成就是赋，司马相如是汉赋最重要的作家。《汉书·艺文志》著录司马相如赋 29 篇，现存《子虚赋》《上林赋》《大人赋》《长门赋》《美人赋》《哀秦二世赋》6 篇。司马相如的赋规模宏大，辞采张扬而又描写细腻，充分体现了汉代大赋的特点，对后来赋家的创作影响巨大。司马相如赋是汉代雄阔、大气、豪放、浪漫、和谐、昂扬向上精神的体现。司马相如不仅是汉大赋的奠基者，也是巴蜀文化的开源者，对后来巴蜀文化雄才如扬雄、陈子昂、李白、苏轼以及巴蜀现代文化巨人郭沫若和巴金都有至为深刻的影响。

自梁天监六年（507）设置相如县以来，人们对司马相如的研究就未曾中

断且成果众多。1989 年，蓬安县志主编邓郁章在川东北方志学术讨论会上提出了"相如故里在蓬安"的观点；2003 年 9 月，司马相如研究会在蓬安成立；2007 年，蓬安举行相如县建县 1500 周年纪念活动，由县委宣传部、文体旅游局、司马相如研究会组织创作的大型历史歌舞剧《相如长歌》在县内和省内外演出，获广泛好评，于 2009 年 12 月获得四川省首届文华新剧目奖。2003 年，蓬安县司马相如研究会成立。从 2003 年至今，先后在蓬安、南充、成都等地召开了 20 余次司马相如研究大会或论坛，收到国内外研究论文 200 余篇，出版了《相如故里在蓬安》《相如故里文化旅游丛书》《司马相如与巴蜀文化研究论集》《司马相如研究会会刊》《研究动态》《天下文宗司马相如》等论著。这些研究活动扩大了司马相如文化在国内外的影响，打响了蓬安"相如故里"这一文化旅游名片。如今司马相如研究已成为巴蜀显学。2020 年 6 月 9 日，司马相如经四川历史名人文化传承创新工程领导小组会议审议，被评为第二批四川历史名人，这更是将司马相如研究这一巴蜀显学提到新的高度。

但是，由于司马相如的资料及司马相如研究文章分散在各种不同的出版物和全国各地图书馆中，研究者要收集到所需的资料，花费的时间和精力是非常巨大的。因此有必要深入系统地对司马相如文化进行系统的研究，拓展司马相如文化的影响力，建设以互联网为支撑的司马相如文献数据库。

蓬安县图书馆建设的司马相如文献数据库，完整包含司马相如生平资料，以及自西汉以来各个历史时期有关司马相如的一切文学资料、评论和研究司马相如的文献文本资源，载体包括文本、音像、视频、图片等，实现对司马相如文献的检索、导航、浏览，擦亮司马相如这块蓬安的文化符号，进而推动蓬安的经济和文化发展。

二、司马相如文献数据库建设的可行性

（一）蓬安建设历史名人文化传承创新工程的迫切需要

文化是一个民族的灵魂。四川省于 2019 年 5 月印发了《建设文化强省中长期规划纲要（2019—2025 年)》，首次提出"着力打造中华优秀传统文化传承发展示范地"，全面提升四川文化软实力。在"着力打造中华优秀传统文化传承发展示范地"工作中，历史名人文化传承创新工程是其中的亮点。蓬安是司马相如的故乡，司马相如在巴蜀文化史上的成就可与李白、苏轼相比肩，因此整合以司马相如为代表的蓬安历史文化，建设文化传承创新工程，将蓬安打

造成中华优秀传统文化传承发展示范地，是全面提升蓬安文化软实力，创造蓬安文化新辉煌，以文化强县的重要举措。所以司马相如文献数据库建设正逢其时。

（二）丰富的文献资源

文献资源是建设数据库的基础和保障。自 20 世纪 90 年代以来，蓬安县图书馆就非常注重以司马相如为代表的蓬安地方历史文化名人资料收集。经过近 30 年的发展，图书馆较全面地搜集了司马相如的文献文本资源；特别是从 2003 年至今在蓬安、南充、成都等地召开的历次司马相如研究会议，所收到的国内外研究论文和出版物，更是该馆独藏。因此，蓬安县图书馆建设司马相如文献数据库具有独特的和厚实的文献资源基础。

（三）可靠的技术和设施基础

（1）数据库建设的技术层面涉及数据库管理系统的设计、系统结构的选择、数据接口的选择等一系列工作，信息加工层面涉及档案管理的各个业务环节，包括档案的著录、标引、档案元数据标准的制定、文件格式的转换等内容。因此，档案数据库建设是一个非常复杂的项目，需要一支技术力量很强的专家队伍。蓬安县图书馆与上级图书馆——南充市图书馆和西华师范大学图书馆等联合，经过多年技术储备，拥有不同学科背景的专家和专业技术人员，能够对数据库系统建设的相关参数进行设计。

（2）近年来，蓬安县图书馆为建设现代化的图书馆，全面推进信息化建设，购置了服务器、电脑、摄像机、照相机、打印机、高速书刊彩色扫描仪等数据库建设必备的硬件设备。

（四）充分的资金保障

司马相如文献数据库的建设对于提升蓬安文化软实力、擦亮蓬安文化旅游名片、全面推进蓬安经济和文化发展具有重要意义，蓬安县委、县政府对此非常重视，为数据库建设硬件平台的搭建、软件系统的购买以及资源采集、数据加工等工作提供了充足的资金。

三、司马相如文献数据库的建库原则

（一）标准化原则

为了使司马相如文献数据库实现社会性、全球性的资源共享，在数据库的建设过程中，应严格执行国家数字图书馆标准，统一采用国内通用的数据著录标准、数据格式标准、数据标引标准以及规范控制标准和长期保存标准。即使录入的人员不同，遵循这些标准也能保持著录格式一致，按照一定的标准将其规范地数字化，以满足不同用户的个性化需求。同时，数据库还必须实现参数规范化，以便与省内其他图书馆历史名人数据库有效对接。

（二）完整性原则

数据库要具有全文、文摘、题录、索引等多种表现形式，以便能够充分揭示文献的外表特征和内容特征，反映特色数据库建设的广度和深度。要保证司马相如文献文本资料的完整性，必须以司马相如文献文本资源作为数据库建设的重点，收集、整理各个历史时期有关司马相如的各种文献资源，争取从多个角度反映司马相如的历史成就，系统而又全面地反映司马相如研究的动态。

（三）先进性原则

建设司马相如文献数据库要具有前瞻性。系统设计中既要立足现实，采用成熟的技术与设计方法，又要考虑未来信息技术发展趋势。这样才能使司马相如文献数据库具有长期使用价值，使其在未来各个不同时期都具有存续性和较强的生命力。

（四）可靠与安全性原则

数据库的设计要具有较高的可靠性，在系统出现故障时仍能确保数据的准确和完整，系统修复后能使数据迅速恢复。同时要运用数据库安全性控制技术，完整地进行系统管理，保证数据库安全运行，使用户数据资料不被泄漏、不遭受损失，确保用户的合法权益。

（五）实用性原则

建设司马相如文献数据库，要最大限度地满足历史、文学史、司马相如研究者和其他读者的需求。数据库的建设要反映出特色数据库建设的广度和深度，一方面，要以司马相如文献文本资源作为数据库建设的重点；另一方面，系统的安装调试、软件编程和操作使用应易学易用。

四、司马相如文献数据库的内容架构及构建设计

司马相如文献数据库建设主要搜集整理司马相如的文字文献、物化文献以及口碑文献，并将其数字化，将文档、图片、音频和视频等格式相结合，具体构建为索引库、全文库、视频库、图片库。

（一）索引库

索引库是司马相如数据库建设的基础，主要为用户提供检索司马相如文献库资料的基本路径。

（二）全文库

全文库保存司马相如的生平资料，分生平介绍、大事年表、年谱；司马相如作品及历代学者对司马相如作品的注释；历代关于司马相如的诗词、戏剧、故事等文学作品；民国及民国以前司马相如研究的历史资料；新中国成立以后司马相如研究文章和文集；20世纪90年代至今司马相如研究的各类会议资料、资讯；有关司马相如的历史遗迹、地标性名称，以及运用司马相如文化名片进行的城市建设、景观打造等资料、资讯。

（三）视频库

视频库主要保存司马相如作品和历代研究资料的录像、司马相如研究的各类会议电影等，以及运用司马相如文化名片进行的城市建设、景观打造的音视频文献。

（四）图片库

图片库主要对司马相如各类资料的图片、照片采用数码摄影或扫描方式录入，包括照片扫描数字化和照片格式文件的标准化。

五、司马相如文献数据库的后续建设思路

司马相如文献数据库是集中地方历史名人研究和档案管理、软件设计、资源管理等不同学科背景的专家和专业技术人员共同建立的数据库，是各领域专家学者、各级领导干部、普通读者资源共享的信息平台。司马相如文献数据库建成后，用户就可以通过互联网以各种可检索元素为节点，迅速获取自己所需要的司马相如相关的信息资源，以展开更深入的研究。从信息技术的发展前景和人们日益增长的需求来看，司马相如文献数据库建设是一项长期性的工作。因此，在数据库运行完善的基础上，一方面，仍要加大力度从各方面搜集资料，确保数据库的全面与完整；另一方面，数据库要与上级图书馆——南充市图书馆和区域内各大学图书馆的古典文献资料数据库联系，建立合作机制，进行有效对接，实现跨库、跨领域的互联互检，形成相互促进、优势互补的发展态势。这样才能不断提高司马相如文献数据库的资源容量和质量水平，才能满足各种不同层次的读者个性化的需要和日益增长的信息资源需求，才能将其建设成为有影响力、吸引力的数据库精品。

参考文献：

[1] 黄新荣，周生玉. 档案数据库建设的问题与对策 [J]. 中国档案，2005
    (12)：48-49.

[2] 王爱华，杨晓玉. 特色数字资源数据库规范标准初探 [J]. 信息系统工
    程，2010 (9)：108-109.

作者简介：

王杰书，男，汉族，蓬安县图书馆副馆长，图书资料馆员。

仪陇红色文献挖掘与利用研究

杨 娟

（仪陇县图书馆 四川南充 637600）

摘 要： 红色资源的开发与利用能够为党史的学习提供依据，而地方红色文献的挖掘与整理能够展示中国共产党发展过程中最真实的历史风貌，促使群众全面了解不同环境下，党行动与思想的一致性。本文从仪陇县红色文献挖掘概述、仪陇县红色资源利用研究两方面入手，对仪陇县红色文献挖掘现状进行研究，并探讨了充分利用仪陇县红色文献促进红色精神传播的具体办法。

关键词： 仪陇县；红色文献；文献资源；红色资源

引言

地区红色文献的挖掘不仅能够促使群众全面了解本地区共产党发展的历程，对于当地文化的传承与保护也具有重要意义。仪陇县地处川陕革命根据地南充市，作为朱德同志和张思德同志的故乡，已经成为红色之旅中不容错过的"红色基地"。仪陇县不仅具有丰富的红色资源，而且重视对资源的进一步挖掘与利用，在仪陇县不仅建有红色纪念馆，各学校还依托地区红色资源，建立红色阅读角，以加深学生对党政思想的了解。要充分实现红色文献的挖掘与利用，就需要全面了解红色资源，找到发挥红色资源功能的有效路径。

一、仪陇县红色文献挖掘概述

红色文献资源作为红色资源中的一种，通过对历史事件的详细记录，促使群众全面了解时代背景下历史事件的真实面貌，能够从侧面反映出当时的历史风貌。在仪陇县，红色文献挖掘工作一直是当地文化工作的重点，通过对文献资源的挖掘与利用，能够促进地区文化的传承。对仪陇县红色文献挖掘工作的了解可以从仪陇县红色资源挖掘与整理的特点、红色资源挖掘与利用现状两方面展开讨论。

（一）仪陇县红色文献资源整理的特点

仪陇县红色文献资源主要是指在 1921 年中国共产党成立到 1949 年新中国成立期间，记录仪陇县地区发生的革命事迹的文献资料，内容包括人物事迹、战争事迹、经典事例以及党组织材料、报刊等。由于历史原因，文献刊印数量较少，能够传承至今的文献更为稀少，因此文献资源十分珍贵，具备极高的历史价值和文化价值。仪陇县文献资料不仅反映了革命时期仪陇县地区的革命状况，还具备独到的内容价值。在仪陇县的红色文献整理方面，由于仪陇县近年来红色旅游业得到快速发展，仪陇县将文献资料进行整合汇总，编撰成书籍，促使文献资料能够广泛流传，并且通过对文献资料内容的加工，方便文献成为影视作品以及红色主题活动的素材，促进了仪陇县红色文献的发展。

（二）仪陇县红色文献资源挖掘与利用现状

仪陇县作为红色旅游名县，注重对红色资源的挖掘与开发。除了历史文物、照片、遗址等，当地文化部门还将当地特色民俗艺术与红色文化相联系，促进地区文化与红色文化的共同发展。在文献资源挖掘方面，仪陇县不仅对地区文献资源进行深度挖掘，还广泛应用其他地区红色文化资源，建立文献间的联系。仪陇县红色文化研究会与老区建设促进会共同编撰并出版了《红色仪陇》一书。书中用图文的方式，生动展现了仪陇县革命时期的历史风貌，包括仪陇县地区的英雄人物事迹、红军遗址图片、红军遗物图片等，记录了仪陇县老区的革命斗争史以及在仪陇县发生的著名战役。书中还收录了当地红色歌谣以及红色故事，发行之后受到社会各界的广泛好评。仪陇县的文献资源挖掘工作还在持续进行中，整理后的资源已经实现多渠道推广，为红色教育工作的开展提供了重要依据。

二、仪陇县红色文献资源利用研究

（一）仪陇县红色资源挖掘与整理的重要性

仪陇县红色资源挖掘与整理的重要性主要体现在红色文献资源的内容价值

与文化价值两方面。

1. 红色文献资源的内容价值

红色文献资源不仅包括对革命直接进行描写的文献资料，还包括反映时代背景下地区人民生活风貌的资料等，能够反映当时党发展的客观状态，促使群众从多角度了解当时的地区发展情况，全面了解党发展的历史背景。并且，按照事件的脉络对资源内容进行整理，能够发现党政思想的发展脉络以及党行动的转变，通过实例，促使群众从中体会到党的思想观念、党的根本宗旨以及党具备的特性与精神品质。

2. 红色文献资源的文化价值

红色文献资源体现了党政发展的时代特点以及民族性特点。红色文献不同于其他资源，文献资料的书写风格以及排版风格等都显示了时代背景下我国先进知识分子思想的转变，具备鲜明的时代特征。而在文化演变的过程中，文献也具备鲜明的民族特征，其表达方式、思想内涵等都是文化发展与转变的标志。从共产党成立到国民革命高潮，再到大革命失败等重大历史事件，文献从事实出发，通过展现当时人民的思想以及文化风貌，反映了文献价值的历史性，并且由对历史的真实记录，引发群众的共鸣、反思，具备文献的现实性特点。红色文献的文化价值还体现在共时性上，同一历史时期下，不仅地区文化在发生变化，民族整体文化也在发生转变。红色文献资源的文化价值与内容价值是文献挖掘工作的意义之所在。

（二）活化仪陇县红色文献资源办法

要全面活化仪陇县红色文献资源，确保文献资源得到充分利用，需要结合仪陇县地区经济文化特点，结合时代背景下人民对红色文化的需求，充分利用现代技术，丰富红色文献资源表现形式，拓宽红色文献资源传播渠道，促进仪陇县红色文献资源的传承与发展。

1. 持续开展红色文献资源挖掘工作，大力宣传红色文献价值

红色文献是珍贵的历史资源，地区需要持续开展资源挖掘工作，并充分发挥群众的力量，对民间的文献资料进行广泛搜集。文化部门需要对文化价值进行大力宣传，通过设置微信服务号、搜集专线等，第一时间掌握文献资料情况，并及时赶到现场，对资料进行鉴别与搜集；也可通过有奖搜集等方式，激发群众参与的积极性。在红色文献价值的宣传上，可通过电视、广播、新媒体等多种渠道对文献的重要性进行宣传，并对年纪较大的群众进行探访，主动了

解历史情况，按照群众提供的信息，进一步开展红色文献挖掘工作。

2. 构建文献数字化平台，加强文献推广实践

随着时代的发展，数字化已经成为文本存储的主要形式之一，这种形式不仅便于储存，而且便于管理。文献资源数字化能够有效拓宽文献资料的传播路径，方便群众通过搜索引擎等多种渠道寻找到自身需要的资源，因此要促使仪陇县红色文献资源得到进一步推广，需要构建文献数字化平台。目前国家针对地方志构建地方志系统的工作已经全面展开，在红色文献资源系统的构建上，可结合国家地方志系统构建的办法，结合地区实际情况，由相关部门牵头，建立能够与其他地区红色文献资源互联互通的红色文献资源平台。另外还可建立小型红色资源平台，在平台录入文献资源内容，确保群众能够在平台寻找到地区红色文献资源。为加强对地区红色文献的推广，相关部门需要结合线上、线下两种宣传办法，促使群众了解红色文献资源，并主动对红色文献资源内容进行探索。在线上，可通过建立公众号、成立红色资源群组等方式，依托于新媒体平台以及社交平台开展宣传活动。在线下，可通过开展主题文娱活动、在社区张贴板报、发放宣传单等形式吸引群众了解红色文献。

3. 建立资源脉络，发挥红色文献作用

信息时代，资源的互动是促进资源流通的有效办法。为拓宽红色文献资源传输路径，需结合红色文献资源特点，按照不同的性质构建资源脉络。如按照资源性质。在红色资源平台、党政新闻平台等关联性平台设置地区红色文献资源链接，促使群众能够有针对性地对红色文献资源进行了解；按照文献资源内容、历史时期，构建文献搜索脉络，受众搜索特定历史时期即可发掘地区红色文献资源；还可按照人物特点构建资源脉络，在受众搜索相关人物时，可显示与人物事件相关的红色文献资源。建立资源脉络能够大幅度提升红色文献资源的传播效率，促使群众对红色文献资源进行了解。

4. 结合现代理念，发扬红色精神

红色精神的学习不能流于形式，要确保群众能够了解并践行红色精神与红色理念。在红色文献资源的利用上，需要结合现代发展理念，发扬红色精神。提取红色文献资源中的精神，使之与群众的发展需求相结合，有针对性地开展红色主题活动。如在学生群体中开展历史知识问答活动，将红色文献作为补充材料，促进学生全面了解红色知识内容，拓宽学生知识范围。在企业中，通过从红色文献中提取出优秀的精神品质，如脚踏实地、实事求是、开拓进取，将优秀精神品质等作为企业发展主题，促进企业发展。在行政事业单位开展党史

学习活动，将红色文献作为学习素材，丰富行政事业单位学习内容。通过结合现代理念，有针对性地开展相关主题活动，或对红色文献进行应用，能够有效保证红色文献的广泛适应性，确保红色文献在各行各业、不同年龄层次的群体中都能够发挥其价值。

5. 丰富文娱活动，满足群众多样化需求

将红色文献资源融入文娱活动中，能够有效解决学习文娱资源单一而导致群众兴趣不足的情况。并且，开展不同形式的文娱活动，能够满足群众对红色文献多样化的需求。另外，要充分发挥红色资源的作用，还需要拓展红色资源的宣传方式，以资源内容为素材，通过编撰小说、录制视频、改编漫画或编排影视作品等方式，对红色文献内容进行宣传。

结语

综上所述，通过分析仪陇县红色文献资源的挖掘与开发现状，能够了解红色文献对地区发展和文化推广的重要作用。通过持续开展红色文献资源挖掘工作，大力宣传红色文献价值、构建红色文献数字化平台，加强红色文献推广实践，发挥红色文献作用，能够发扬红色精神、丰富文娱活动，满足群众多样化需求。确保红色文献资源功能的充分发挥，可以进一步推广红色文化，全面促进地方历史文化的传承与发展。

参考文献：

[1] 孔辉，熊传毅. 解析红色文献的内涵及特点——以高校红色文献资源建设为研究视角 [J]. 通江师范学院学报，2015（8）：140−142.

[2] 伍廉松，田双双. 新时代荆州红色文化资源开发利用研究 [J]. 长江大学学报（社会科学版），2019，42（2）：71−75.

[3] 张辉辉. 成都历史名人资源的特色文化元素挖掘与应用路径研究 [J]. 经贸实践，2019（6）：283−284.

[4] 武建国. 成都红色资源挖掘与历史文化名城建设研究——以彭州市为例 [J]. 成都行政学院学报，2020（6）：93−96.

作者简介：

杨娟，女，汉族，仪陇县图书馆副馆长，图书资料馆员。

图书馆空间服务能力与创新策略研究

张 黎

（南充市高坪区图书馆　四川南充　637100）

摘　要：随着社会的不断发展进步，读者需求不断多元化，图书馆必须不断提升空间服务能力并进行服务创新。本研究从准确把握图书馆空间及服务发展进程、深刻理解图书馆空间再造及服务创新的意义、扎实推进图书馆空间再造及服务创新工作开展等三个方面展开讨论。

关键词：图书馆；空间服务；创新；资源

随着社会的不断进步，只有不断拓展新的服务空间以及服务项目，才能有效确保图书馆服务与读者需求相匹配，实现协调发展，满足社会发展切实需要。我单位针对上述问题积极进行探索研究，取得了有价值的经验。

一、准确把握图书馆空间及服务发展进程

（一）关于图书馆空间发展进程

图书馆在空间方面的具体形态并非一开始就具备开放性、智能化等显著特征，一定程度上是相对封闭的储存空间和区域。要推进图书馆空间的开放，必须紧密落实对应的制度体系构建。随着素质教育的推广，各级各类学校在具体的教育教学活动中越发关注并强调学习活动和教育教学资源的多样性，这加快推动了图书馆开放公共空间。受现代化信息技术影响，物联网、云计算等高新科技在教育教学中逐渐得到创新应用，有效加快了图书馆智能化互动空间发展。目前，图书馆不但可以有效满足读者的基本阅读需求，更形成了集学习、交流、体验为一体的空间形态，有效地服务社会。

（二）关于图书馆的服务发展进程

图书馆服务职能持续创新。图书馆存在的本质意义，就是为读者阅读学习提供基础服务。随着科学技术的发展，图书馆服务逐渐实现了综合性、个性化、信息化、智能化。借助当今的大数据技术，图书馆可以准确记录并判断读者的阅读倾向及趋势，进而定时定期为读者提供图书推荐和阅读学习引导。

图书馆服务模式持续创新。在信息技术以及计算机技术突飞猛进的情况下，图书馆服务模式随之发生重大转变。既往的书刊阅览以及流通等相关服务模式已经逐渐过时。现代化信息技术的推广使用，使得图书馆服务模式越发开放化、智能化，目前图书馆已经可以为读者提供更加精准、高效的阅读学习资源。

二、深刻理解图书馆空间再造及服务创新的意义

图书馆空间服务类别逐渐丰富化。图书馆不但具备存储空间，还具备检索服务空间、阅览服务空间以及信息技术服务空间。各种空间的再造与服务创新并进，有效促进了图书馆效能的发挥。此外，图书馆空间服务职能逐渐融合。图书馆空间再造活动以及相关服务创新活动的基础目标是实现功能服务加快融合，始终坚持以读者为中心，提供高质量的服务，进一步为读者提供有价值的阅读学习资源和创造更好的阅读学习条件。

只有不断改善和提升图书馆空间以及服务质量，才可以最大化图书馆存在的意义以及现实价值。图书馆通过空间再造以及服务创新，还可以获得新的活力以及发展动力。

三、扎实推进图书馆空间再造及服务创新工作

（一）调整优化空间布局

图书馆应遵循"读者第一""服务至上"理念，根据读者需要，设置借阅一体且全开放的大借阅厅、相对封闭的典藏书库。入口处设总服务台，便于读者借阅、咨询、检索；在书架之间适当设置休闲桌椅，方便读者就近取书阅览；改变桌椅陈列位置，让读者放松阅读。在角落位置安排电脑和自动借还机，拓展空间功能服务。

（二）适当新增特色功能

读者阅读活动逐渐向着综合化、个性化方向发展，对阅读环境的要求越来越高，这更加需要图书馆提升阅读便利性。基于此，图书馆要进一步加强功能开拓，推出特色专题区以及阅读推广主题区。通过功能区的具体设置，激发读者阅读兴趣，丰富阅读内容，有效促进阅读活动多样化、多元化发展。

（三）协调联动多方参与

推进图书馆空间再造以及服务创新，仅仅依靠图书馆管理人员努力还无法实现，必须积极协调联动教育教学机构全体人员，多方采纳建议，接受批评。比如，在开设阅览区时，一定要紧密围绕读者的阅读习惯以及阅读建议，系统推进空间再造。

（四）积极推进资源整合

图书馆空间面积有限，进行空间再造并非单纯向外扩展空间，而是要最大化实现内部空间资源的优化利用。通过改善和调整馆藏布局的方式，可将部分借阅率相对较低的图书归放于密集书柜，有效节省空间，实现图书资源布局重新调整。

（五）高效利用新兴技术

提升图书馆的综合服务能力，必须紧密依靠现代化新兴技术以及智能化设施设备的推广。目前条件下，各种新兴技术已经在图书馆逐渐应用，最大化地简便了图书借阅以及管理等相关工作流程。尤其是要用好、用活数据分析技术，准确掌握读者阅读喜好，精准结合需求，提供图书资源。

（六）积极拓展第三空间

针对实际情况和读者需要，积极拓展图书馆的第三空间，创设一些适合读者和社会需要的专项主题服务项目。例如，图书馆在每周定期进行读书交流活动，引导读者分享阅读体会，开展交流讨论，进而更高质量、更高效率地利用好馆藏资源，让阅读活动取得实效。

参考文献：

[1] 史艳芬，丁宁，徐忠明. 价值共创视角下大学图书馆空间服务用户需求识别及满足策略研究 [J]. 图书馆学研究，2021 (10)：81－87.

[2] 肖刘洁，甘生梅，顾惠. 高校图书馆创客空间信息服务模式分析 [J]. 重庆电力高等专科学校学报，2021，26 (2)：60－62.

[3] 徐红玉. 图书馆空间创新的理论依据与服务实践对策 [J]. 图书馆，2021 (4)：52－59.

[4] 王永胜，李斌英. 基于空间拓展的图书馆延伸服务研究 [J]. 中国管理信息化，2021，24 (7)：177－179.

[5] 刘蕾，陈威莉，刘志国. 图书馆空间服务的理论基础研究 [J]. 高校图书馆工作，2021，41 (2)：43－48＋60.

[6] 蔺文爱. 基于创客空间的高校图书馆服务创新研究 [J]. 中国国情国力，2021 (3)：44－47.

[7] 袁红军. "双一流"高校图书馆空间服务调查分析 [J]. 图书馆学研究，2021 (4)：75－82.

[8] 马骏，葛力云. 布朗大学图书馆数字学术空间及其服务研究 [J]. 数字图书馆论坛，2021 (2)：47－52.

作者简介：

张黎，男，汉族，南充市高坪区图书馆馆长，图书资料副研究馆员。

乡村振兴战略下农家书屋的建设与发展

张　萍

（南充市图书馆　四川南充　637000）

摘　要：乡村文化振兴是乡村振兴战略的重要一环。农村的精神文明建设对于农村现代化建设具有重要意义，应充分发挥农家书屋这一平台的作用。本文就农家书屋的建设发展作了相关讨论。

关键词：乡村振兴；图书馆服务创新；农家书屋

加快和推进乡村振兴战略已经成为我国经济发展的必然选择。乡村文化振兴是乡村振兴战略的重要一环。大力推进农家书屋建设，使农家书屋成为广大农民的文化加油站，可以从根本上解决广大农民看书难、借书难、买书难的困难局面，真正做到文化惠农。

笔者认为，应从以下几方面入手，进一步加强和规范农家书屋建设和管理，巩固农村基层文化阵地。

一、加强领导，明确责任，凝聚合力

加快文化事业发展对经济建设具有较好的推动作用，各地应以现有农家书屋建设管理为依托，进一步促进文化事业繁荣发展。

（一）提高重视程度

农家书屋是乡村文化的"小细胞"，要把文化事业发展摆在更加重要的位置，纳入政府的议事日程，以"繁荣一方文化，带动一方发展"的责任感和使命感，加快进度、加大力度推进农家书屋建设，进一步发挥农家书屋作用。

（二）加强考核力度

把农家书屋建设及管理纳入政府综合目标考核，建立行之有效的考核体系，将农家书屋建设及管理任务细化、量化，要求农家书屋建立日常管理台账，坚持半年检查，年终考核，并把检查、考核的结果作为乡镇评先选优的重要依据。

（三）强化宣传深度

以现有农家书屋为依托，大力宣传农家书屋学习充电、寓教于乐的作用，要在本地区营造建文化、学文化、爱文化的浓厚氛围，凝聚发展繁荣农家书屋的强大合力。

二、统筹规划，科学管理，打造一流环境

（一）完善硬件设施和软件配套，加强规范管理

农家书屋建设虽然起步晚，但发展快并且成效显著，各级政府要紧紧抓住国家繁荣文化事业的机遇，统筹规划，着力打造一流的硬软件环境，使农家书屋真正成为农民群众的文化家园。

（二）积极规划，统筹建设

要以"服务群众、方便群众"为原则，统筹规划，加强示范；实行片区联建联动，加强彼此交流，实现资源共享。

（三）多元经营，科学管理

对农家书屋日常管理、运行建章立制，形成用制度约束人，用制度强管理的局面；对文化站的图书阅览可借鉴图书馆管理模式，建立图书管理系统，为读者办理借阅证，实行会员制，充分利用图书资源；鼓励文化能人、知识分子开展系列文娱活动。

（四）优化环境，提升服务

严格按照标准投资建设、扩充或修缮农家书屋，提高文化品位和档次，严格功能分区，经常更新图书资源、发布农业信息、举行技术培训、开展文化活

动，同时提高文化干部服务水平，让农民群众把农家书屋当成学习文化的家园。

三、招引人才，健全机制，盘活智力资源

（一）搞活文化站，人才是关键，制度是根本

推动文化事业发展，离不开人才智力支持，离不开高素质的文化队伍，离不开科学机制保障。

要拓宽人才渠道，加大人才招引力度，进一步充实基层文化队伍，吸引更多大学生、专业人才、有志从事文化工作的人进入文化队伍。充分利用"一村一名大学生"计划，让他们在村管理农家书屋，在农家书屋兼职文化指导员，为文化站提供智力支持。吸引社区、协会、企业、文化能人和当地文化积极分子进入文化站，让他们组织开展腰鼓队、健身队、篮球赛等文化娱乐活动，丰富农民文娱生活。要加强专业文化队伍建设，确保专人专用，并开展经常性的文化干部培训活动和农家书屋之间的交流学习活动，不断提高文化干部专业素质。同时，要提高文化干部的政治和经济待遇，确保文化人才愿意来、留得住，有思想、有作为，打造一支高水平、出成绩的文化队伍。

（二）健全机制，用活用实文化站资源

探索市场管理机制，引导农家书屋进入文化市场，如在发现、挖掘、开发农村民间艺术时，积极引导文化产品创新，以市场这只"无形的手"推动文化产业发展。借鉴当地旅游资源开发管理模式，实行制度管理、公益运行，充分发挥现有农家书屋资源在学习、教育、培训中的作用。积极探索文化站股份制、租赁制、合作制运作，引导社会资源如企业、协会、文化积极分子参股农家书屋，或租赁承包、合作经营，放活文化站经营管理权，推动农家书屋办好、办活、办出实效。

四、突出特色，创新形式，丰富文化活动

要将"以文化人，以文乐民"作为农家书屋的宗旨，开展经常性的文化活动，以形式创新提高农民群众接受度，以丰富载体提高农民群众的认可度，强化文化站职能，突出文化活动实效。

（一）创新形式，丰富内容

开展"三下乡"活动，组织农业技术人员为群众提供技术培训，免费发放农用技术手册，提高农民科学种田技能；选取具有教育意义的经典电影下乡巡回放映，用健康、有益、丰富的精神生活占领农村思想文化阵地；组织医疗人员下乡，为农民群众提供免费就诊等医疗服务，宣传卫生防疫等知识，提高农民自我保健和科学养生能力。

（二）积极动员，全民参与

各乡镇可以农家书屋为依托，组织全民互动文化活动，将各村（社区）文化能人、艺术继承人、文化积极分子组织起来，自办文化、自搞活动，并组织乡镇每年举办一次文化活动比赛，设置丰厚奖品，提高群众参与率。

（三）挖掘资源，拓展载体

积极挖掘、保护、继承和发展本地区民间优秀文化遗产，加强民间艺术的调查、抢救、开发和保护工作，创新载体、丰富形式，将民间艺术搬上舞台，推向市场，引领新文化艺术发展；围绕当地独具特色的文化和民间艺术，合理组织，科学开发，打造文化产业。

乡村振兴战略是推动乡村兴旺繁荣的重要举措，乡村兴则国家兴，应推动文化资源在乡村的发展，提高乡村百姓文化水平和综合素质，满足人民群众日益增长的精神文化需求，推进乡村精神文明建设。要发挥农家书屋的优势，补足现状中的短板，充分发挥其"培训中心""文化资源中心""精神文化建设中心"的作用，不断深化服务管理，不停探索更有效、更全面的管理服务机制，为乡村振兴战略助力。

参考文献：

[1] 孙思习. 论乡村振兴战略背景下的新型农家书屋建设 [J]. 湖北科技学院学报，2020（5）：78－81.

作者简介：

张萍，女，汉族，南充市图书馆古籍部主任，图书资料馆员。

论陈寿生平与研究资料文献数据库建设

华 红 刘 军

（南充市嘉陵区陈寿图书馆　四川南充　637500；

南充市图书馆　四川南充　637000）

摘　要：南充市嘉陵区陈寿图书馆建设陈寿生平与研究资料文献数据库，是一项具有开创性的工作，填补了南充地方历史名人文献数据库建设的一项空白。本文对该库建设的必要性、可行性以及建库的原则、内容的分块以及后续建设等问题进行了探讨。

关键词：陈寿；数据库建设

《中华人民共和国国民经济和社会发展第十四个五年规划和 2035 年远景目标纲要》明确提出，要"深入实施中华优秀传统文化传承发展工程，强化重要文化和自然遗产、非物质文化遗产系统性保护，推动中华优秀传统文化创造性转化、创新性发展"。中华优秀传统文化是中华文化沃土上盛开的花朵，积淀着几千年来中华民族深厚的精神追求。深入实施中华优秀传统文化传承发展工程，发展和弘扬中华优秀传统文化，铸就中华文化新辉煌，是中国和时代发展进步的要求。2020 年经四川历史名人文化传承创新工程领导小组会议审议，陈寿入选第二批四川历史名人。南充市嘉陵区陈寿图书馆抓住这一契机，进行陈寿生平与研究资料文献数据库建设，是将中华优秀传统文化创造性转化、创新性发展的大胆实践，这对于南充主题旅游线路打造、铸就三国文化新辉煌、提高南充文化软实力的地位具有重大意义。

一、陈寿生平与研究资料文献数据库建设的必要性

陈寿（233—297），字承祚，巴西郡安汉县（今四川省南充市）人，著名史学家，与司马迁、班固齐名，史称"并迁双固"。晋灭吴后，陈寿历经十年，

在晋武帝太康元年（280），完成了纪传体史学巨著《三国志》，记载了蜀汉"必以人为本""弘毅宽厚""赏罚必信"的治国理念和蜀地儒学、经学及其师承流变的情形，对巴蜀历史文化和蜀学、经学的传承作出了重要贡献。《三国志》与《史记》《汉书》《后汉书》合称"前四史"。梁启超曾经推荐《三国志》为学人"真正之最低限度的必读国学书目之一"。1959 年，《三国志》与《史记》最先推出新校点本，作为国庆十周年的献礼工程，可见其在中国文化界和史学界的重要地位。

南充是陈寿的故乡，是三国文化的发祥地；陈寿所著的《三国志》是三国文化的源头。南充陈寿旧居、万卷楼旧址、陈寿公园、陈寿衣冠冢等纪念场馆每年接待游客近 120 万人次。南充三国文化热度持续升温，吸引着大批的中外学人和游客。1993 年，美国、加拿大、日本及中国的 100 多名专家学者在万卷楼举行了"三国文化国际学术交流会"；2019 年 7 月，由中国文物交流中心、深圳市文化广电旅游体育局、深圳市南山区文化广电旅游体育局联合主办，深圳市南山博物馆承办的"三国志文化展"在南山博物馆开幕；2019 年 10 月，包括英国黄金时代传媒在内的 22 家知名海外华文媒体高层走进南充西山风景区，了解陈寿，感受三国。早在 2008 年，中国文物交流中心组织的"大三国志展"就曾在日本东京、北海道、关西、福冈、香川、松阪、前桥等七地巡展，参观量达 100 万人次，引发轰动；2019 年 7 月，"三国志展"又一次在日本开幕，在日本东京国立博物馆和九州国立博物馆巡展。三国文化的影响越来越大，已成为国际显学。西山万卷楼景区被联合国定为世界三国文化研讨会永久会址，已成为海内外三国文化崇拜者的寻根访祖之地，在全国三国文化旅游线路上发挥了重要作用。

陈寿以卓尔不群的才华和气度，谱写下千年不朽的史书经典，成就了家乡南充的城市荣光。陈寿不畏强权、浩然正气、潜心钻研、勇于创新的精神，当为国人传承和发扬光大的宝贵精神财富。2020 年，经四川历史名人文化传承创新工程领导小组会议审议，陈寿入选为第二批四川历史名人。南充市委市政府乘着这股东风，抓住将南充建成成渝第二城的机遇，以万卷楼景区为主要载体，争创国家 5A 级景区，建设世界三国文化旅游目的地，弘扬中华优秀传统文化，提升南充的文化影响力。

因此，南充市嘉陵区陈寿图书馆进行陈寿生平与研究文献数据库建设，不仅具有深远的历史意义，也具有厚重的文化价值和广泛的社会效应；对于拓展三国文化研究，持续提升三国文化热度，助推南充文化旅游业发展具有很大的作用。

二、陈寿生平与研究资料文献数据库建设的可行性

(一) 南充优秀传统文化传承创新的重要需求

中华优秀传统文化是中华民族生生不息的根和源，是实现中国梦的精神保障。2019 年，四川省印发了《建设文化强省中长期规划纲要（2019—2025 年)》，突出文化建设在城市"五位一体"总体布局中的作用，强调文化建设和经济建设相互促进，从而实现文化建设由"大"到"强"的根本转变。南充是陈寿的故乡，也是三国文化之源。陈寿所著的《三国志》与司马迁的《史记》、班固的《汉书》、范晔的《后汉书》并称为中国史学"前四史"。以陈寿为代表的三国文化是国际上的中国传统文化热点之一。因此整合以陈寿为代表的三国文化，对于打牢南充文化根基，筑实南充文化灵魂，将南充打造成中华优秀传统文化传承发展示范地，创造南充文化新辉煌，是一个不可或缺的现代化城市建设节点。

(二) 丰富的文献资源

建设数据库离不开丰富的文献资源。早在 20 世纪 50 年代，南充市图书馆就十分重视以陈寿为代表的三国文化资料收集。1993 年，南充行政区划调整，嘉陵区图书馆建立，更是加大了收集陈寿和三国文化文献文本资源的力度。2020 年，该馆更名为南充市嘉陵区陈寿图书馆，将着力收集到的宋刻元明递修的衢州本影印出版。该馆收集的自改革开放以来至今在南充、成都以及在国内其他地方和国际召开的历次三国文化研究会议文章，国内外研究论文和出版物，更是该馆独藏。因此，南充市嘉陵区陈寿图书馆进行陈寿生平与研究文献数据库建设具有独特的和丰富的文献资源基础。

(三) 可靠的技术保障

数据库建设的技术层面涉及数据库管理系统的设计、系统结构的选择、数据接口的选择等一系列工作，信息加工层面涉及档案管理的各个业务环节，包括档案的著录和标引、档案元数据标准的制定、文件格式的转换等内容。文献数据库建设相当复杂，需要技术力量很强的专家队伍。南充市嘉陵区陈寿图书馆为此多次派人到各级图书馆学习数据库建设知识。南充市图书馆更是给该馆提供了专业的技术人员培养；同时，南充市图书馆还和南充各大学图书馆联

合，给该图书馆以专门的技术支持。

（四）充分的资金支持

进行陈寿生平与研究文献数据库建设对于提升南充文化软实力、擦亮南充文化旅游名片、全面推进南充"五位一体"全面协调发展具有重要意义，嘉陵区委区政府非常重视，提供了充足的资金保障以支持数据库硬件平台和软件系统的搭建、数据资源的采集以及数据的加工整理。

三、陈寿生平与研究资料文献数据库建设的基本原则

（一）系统性原则

系统性是指在一个整体中，各个不同的层级都体现了不同维度的指标；而在同层级指标之间或指标层与指标层之间都具有清晰的逻辑关系，这种逻辑关系按一定规则有秩序地排列。在系统性的整个体系中，每个单个指标能反映系统的某个侧面，而指标的综合就能反映系统的整体情况。陈寿生平与研究资料文献数据库建设，从时间来看分为不同的时期，从资料承载的载体来看有图、文、声、像等，从资料的类别来看有历史典籍、史迹实物、学术研究、文学作品等；单从《三国志》来看也有文本研究、人物研究和版本研究等。数据库要具有全文、文摘、题录、索引等多种表现形式，以便能够充分揭示文献的外表特征和内容特征，反映出特色数据库建设的广度和深度。陈寿生平与研究资料文献数据库建设，就是要收集、整理各个时期陈寿和三国文化有关各类资料，加以层次分明的逻辑排列，使读者和研究者从各个侧面获得陈寿和三国文化完整的资料，满足不同读者的需求，以体现出陈寿生平与研究资料文献数据库的核心价值。

（二）规范性原则

要使陈寿生平与研究资料文献数据库实现社会性、全球性的资源共享，在建设数据库时就必须依照共享元数据标准结构化、规范化和标准化。其设计必须严格按照国家数字图书馆的规范，统一采用国内通用的数据著录标准、数据格式标准、数据标引标准以及规范控制标准和长期保存标准。遵循这些规范，即使录入的人员不同，也能做到著录格式一致，使内容标准化。同时，数据库还必须实现参数标准的规范化，以便与国内其他图书馆历史文化数据库有效

对接。

（三）可靠与安全原则

数据库的设计要具有较高的可靠性，在数据中心发生故障时，要有切换到容灾系统或者备份系统的能力，系统修复后能使数据迅速恢复。同时要运用数据库安全性控制技术，完整地进行系统管理，防止非法用户使用数据库或合法用户非法使用数据库，造成数据泄露、更改或破坏，保证数据库安全运行。

（四）传导机制转变原则

"十四五"时期，数字文化是我国建设社会主义文化强国、实现科技自立自强两大目标的重点交叉领域。数字文化产业的增长模式将向新需求、新场景、新产业链的增长模式转变。其传导机制的转变就是"从数据中来，到沉浸中去"。所谓沉浸式，是指利用人的感官和认知体验，把虚拟现实等技术与故事中的场景结合起来，营造一种接近真实的氛围。比如，读者在陈寿生平与研究资料文献数据库中浏览《三国志》历代版本时，再也不是虚拟的显现，而是实在的触摸，手之所感，目之所见，均是实物感觉，从而油然而生一种历史文化的厚重感。

（五）公益性原则

陈寿生平与研究资料文献数据库是一个全面开放的系统。该数据库紧密切合新时代公共文化服务的导向，满足广大人民群众文化需求。数据库的服务对象不只是专家学者，更主要的是普通大众，期望使所有的人都能够在该数据库中获取相关的信息资源、享受相应的信息服务。

四、陈寿生平与研究资料文献数据库内容架构及构建设计

陈寿生平与研究资料文献数据库不仅是对陈寿和《三国志》的研究，而且是全方位研究三国时期政治、经济、文化、军事等方面的信息平台，从而带动三国文化研究质的跃变。该数据库包含陈寿生平资料，晋初以来各个历史时期有关陈寿和《三国志》的资料，关于三国时期人物、文化的文学资料、评论，载体包括文本、音像、视频、图片等。具体构建为索引库、全文库、视频库、图片库四个资料库。

（一）索引库

索引库是陈寿生平与研究资料文献数据库建设的基础，主要为用户提供检索文献库资料的基本路径。

（二）全文库

全文库分为以下版块：①陈寿的生平资料（下分生平介绍、大事年表、年谱），历代对陈寿的研究文章、著作；②历代《三国志》版本及历代学者对《三国志》的注释研究著作；③三国时期各个人物生平资料；④除生平资料外，主要人物如曹操、孙权、诸葛亮等的大事年表、年谱；⑤历代关于三国及三国人物的诗词、戏剧、故事等文学作品，尤其是历代《三国演义》版本及历代学者对《三国演义》的注释研究著作；⑥国际和国内有关陈寿、三国及三国人物研究的各类会议资料、资讯；⑦有关三国及三国人物文物的各类资料、资讯；⑧有关三国及三国人物历史遗迹、地标性名称，以及运用三国文化及三国人物名片进行的城市建设、景观打造等资料、资讯。

（三）视频库

视频库主要是陈寿和《三国志》以及三国主要人物历代研究资料的录像、各类会议录像，三国文化历史遗迹、地标性名称，运用三国文化名片进行的城市建设、景观打造音视频文献，有关三国的电影、电视作品。

（四）图片库

图片库主要是将陈寿和《三国志》以及三国主要人物各类资料的图片、照片采用数码摄影或扫描方式录入，按照统一的标准和格式加工，以方便数据库的调用。

五、陈寿生平与研究资料文献数据库的后续建设思路

陈寿生平与研究资料文献数据库建设是一项长期性的工作，在正常运行的基础上，一方面仍要加大力度从各方面收集资料，在源头上确保数据库内容的全面与完整；另一方面，要与上级图书馆——南充市图书馆和区域内各大学图书馆的古典文献资料数据库联系，合作共享，实现各个平台、数据库的完美对接，实现跨库、跨领域的互联互检，最终形成共建共赢、优势互补的发展态

势。这样，才能使陈寿生平与研究资料文献数据库的资源容量和质量水平不断提高，才能满足不同层次读者的个性化需要和日益增长的信息资源需求，才能将其建设成为实用价值高、影响力大的精品数据库。

参考文献：

[1] 黄新荣，周生玉. 档案数据库建设的问题与对策 [J]. 中国档案，2005 (12)：48－49.

[2] 王爱，杨晓玉. 特色数字资源数据库规范标准初探 [J]. 信息系统工程，2010 (9)：108－109.

作者简介：

华红，女，汉族，南充市嘉陵区陈寿图书馆馆长，图书资料副研究馆员。

刘军，男，汉族，南充市图书馆副馆长，图书资料研究馆员。

新时期图书馆古籍阅览室读者服务工作的
难点及对策

樊　鑫

（南充市图书馆　四川南充　637000）

摘　要： 新时期，图书馆事业面临着新的挑战，古籍阅览室读者服务工作也不例外。古籍阅览室读者服务工作有着非常重要的意义和作用，本文分析了新形势下古籍阅览室读者服务工作如何开展。

关键词： 图书馆；古籍阅览室；读者服务工作

图书馆的一个重要职能就是保存人类的文化遗产，在新时期，图书馆作为文献信息资源的服务中心，在信息化时代的背景下，更要顺应时代的发展，满足读者的需求，为读者提供多元化、精细化、个性化的高质量服务。为此，图书馆必须增强服务能力，提高服务水平和质量。古籍是前人留下的宝贵财富，如何保护它们、利用它们都是很重要的事情。因为古籍具有不可再生性，所以它格外珍贵，利用时也有诸多困难，既要不伤害古籍，又要开发古籍资源。开发古籍资源，首先要转变思想，要从"以藏为主"转变为"以用为先"，把图书馆所藏古籍的丰富知识资源开发出来，为广大读者提供优质高效的信息服务。

一、图书馆古籍阅览室馆员如何做好读者服务工作

（一）古籍阅览室服务工作的难点

图书馆古籍阅览室和其他文献阅览室一样，都是对外服务读者的窗口，但由于古籍具有不同于其他普通书籍的珍贵性，古籍阅览室的工作有特殊的难处。不同于其他阅览室的开架阅览，古籍阅览室一般采用闭架阅览，且配有专

业的工作人员指导。读者服务工作的基础是做好馆内古籍的普查工作，制作出方便查阅索引的目录，这样读者在查询某一部古籍时，工作人员可以在第一时间查阅到本馆是否有该书和它的具体位置。因为古籍都是繁体字且是文言文，艰涩难懂，这不仅要求工作人员要有较高的专业性，也限制了读者的数量和范围，因此为读者提供相关辅助工具和资料书尤为重要，也可采购关于古籍的科普读物，培养一般读者的兴趣，拓展读者范围。

（二）古籍阅览室读者服务工作的开展

古籍的小众性导致它的读者很少，如果要拓展读者，可以通过一些社交媒体账号来科普古籍，吸引读者。图书馆古籍阅览室的读者服务工作主要是信息咨询服务。它主要根据读者的需求，或代为检索文献，或提供具体文献，或提供整理研究成果，属于高层次的读者服务工作，直接反映出图书馆馆员的素质和相关工作质量的高低。

古籍相关工作本身就是一项学术性强、知识面广的专业工作，它要求从事此项工作的馆员具备各方面的知识，以便更好地为读者提供服务。作为专业性的阅览室，工作人员文明服务固然重要，而更重要的是要为读者提供深层次的服务。

古籍阅览室的读者服务工作不仅是被动地等待读者前来咨询，更需要做好各种专题性的资料分类。来查阅古籍的读者分为两类：一类是对古籍具有好奇心的读者，他们的目的性不强。另一类是历史文献专业相关的师生和其他专业性的研究人员，他们的专业性和目的性很强，一般会直接说明需要查阅哪部古籍和某一方面的古籍。专题性的服务是一项操作过程复杂、学术性很强的工作，读者咨询的不是一个简单的事实，而是要围绕某一主题查阅相关的文献。专题性的文献研究学术性强，馆内人员很难独立完成，这就需要借助社会力量，以保障工作质量、加快工作进度、深入开发和利用馆藏文献资源。

二、古籍资源的开发

古籍资源可以分为馆内和馆外两部分资源。

（一）馆内资源开发

古籍具有历史文物价值，也具有文献资料价值。在读者服务方面，需要充分发挥古籍的文献资料价值，提升古籍的使用价值。古籍资源的开发是一个漫长的过程，从哪里着手就是个难题。首先要研究读者的阅读方向，统计读者的背景资料、来访频率和查阅类型，总结出大多数读者对古籍的需求。随着科技的发展，古籍数字化出现了，它可以直观地看到古籍的版式、纸张、封面信息、装帧形式等。古籍数字化的推进使古籍数据库内容更加丰富，读者查阅更加方便，不仅可减少对古籍的直接使用，还可充分地利用古籍资源，在保护古籍原本的前提下更全面地满足读者的需求。

开发馆内资源也包括推广馆藏特色文献，举办古籍专题文献展览，把古籍展示在读者面前，提高文献的利用价值。专题文献展览有形象、直接的特点，是其他读者服务工作不能取代的，深受读者欢迎。这种展览一般以展示特色古籍为主，选题、选材、撰写说明和陈列都需要很强的专业性。展览期间要随时解答参观者的提问，这需要相关人员有很高的古籍文献专业的素养。在举办古籍专题文献展览的同时，还可召开相应的学术研讨会，邀请专业的读者和出版商参加，共同开发利用展品资料。

（二）馆外资源共享

新时期图书馆界倡导的一个重要理念就是"资源共享"，古籍阅览室仅依靠本馆古籍资源来服务读者是不够的，应该充分利用馆外资源。图书馆古籍资源的共享既可丰富各图书馆的馆藏，也可方便读者的查阅。当读者查询某方面的资料而未得的时候，可以向其提供馆外单位的藏书线索。图书馆的古籍信息咨询不应仅依据馆藏来开展，这会使工作受到局限。在提倡资源共享的信息时代，应该尽可能地充分利用馆内外的古籍文献资源开展工作。工作人员不仅要熟悉本馆藏书，还需熟悉其他图书馆的馆藏，使古籍阅览室的读者服务工作进入新阶段。同时，还可以加强图书馆之间的交流合作，尽可能地获得读者需要的古籍文献资源，让每一个读者满意。

三、结语

读者服务工作直接影响图书馆职能的实现，要在图书馆馆员中树立人人都可以利用图书馆的观念，破除对古籍阅览的种种不适当的限制。图书馆馆员是古籍阅览室的行为主体，决定着古籍服务的质量。图书馆馆员应该有责任感，站在读者的角度去服务，还应熟练掌握专业服务技能。从事古籍阅览室工作，不能只满足于日常的读者接待和存藏整理，还要投身到专业课题的研究中去。图书馆馆员掌握的专业知识越丰富，在为读者服务时的准确性越高，就越能掌握服务工作的主动权。做好古籍阅览室读者服务工作有助于宣传古籍保护知识，推介馆藏古籍资源，弘扬和传承中华民族传统文化。由于古籍的特殊性，目前图书馆的古籍读者服务大多手续复杂，随着图书馆服务水平的提升以及各种新技术的发展，古籍读者服务也在持续的探索中不断完善，从古籍文献的特点、读者需求和基础服务的细节着手，拓展服务广度和深度，使读者获得更便捷、智能、人性化的古籍文献服务，进而实现古籍保护和提高读者满意度的双赢。

参考文献：

[1] 骆骁. 浅析新时期图书馆古籍阅览室读者服务工作 [J]. 内蒙古科技与经济，2020 (9)：149−151.

[2] 王峥. 新时期图书馆古籍阅览室读者服务工作探讨 [J]. 丝路视野，2020 (33)：28.

[3] 陈昕. 高校图书馆古籍读者服务工作新探 [J]. 内蒙古科技与经济，2010 (11)：153−153，155.

[4] 王世伟. 图书馆古籍整理工作 [M]. 北京：北京图书馆出版社，2000.

作者简介：

樊鑫，女，汉族，南充市图书馆古籍部副主任，图书资料馆员。

图书馆开展绘本课的实践途径

——以南充市图书馆为例

王 海

（南充市图书馆 四川南充 637000）

摘 要：绘本对于儿童的成长有着十分积极的作用，越来越多的图书馆在积极探索如何开展绘本课。本文主要结合南充市图书馆的工作实际，从搭建绘本课平台、开展绘本课、绘本课宣传推广等方面进行了相关的探索与思考，以期对图书馆少儿绘本课的发展提供有益的参考。

关键词：图书馆；绘本课；阅读推广

阅读承载着我们每个人的价值和梦想，承载着一个民族的底蕴和希望。而绘本则是吸引少年儿童走进阅读世界的绮丽画卷，是开启阅读之门的启蒙钥匙。近些年，国际国内都掀起了一股绘本热潮，琳琅满目的优质绘本让儿童们目不暇接。但同时，这也让乐于培养孩子阅读习惯的父母们犯了难。这么多优秀的绘本，在孩子黄金般的幼年期，该怎么有选择性地阅读？读绘本的目的是什么？怎样才能读好一部绘本？怎样才能将"读绘本"的行为发展为"爱阅读"的习惯？

图书馆本着服务社会、服务群众、服务未成年人的初心，十分重视绘本的阅读推广。以南充市图书馆为例，其少儿部将绘本课作为该馆的一项重点工作长期推进。作为少儿部的一名员工，笔者对绘本课推广工作充满了热情，也十分期待能通过此文与广大文化工作者交流与探讨。以下是笔者对图书馆如何开展绘本课的经验与设想。

一、如何搭建绘本课平台

（一）场地与硬件设施

绘本课主要面向少年儿童，内容充满色彩、童趣、想象、思维与创造。为了将绘本更加绘声绘色地展现给儿童读者，图书馆可配备专有场地来开设绘本课。场地搭建需注意以下几方面：一是在空间构造上，要富有美感与个性。二是绘本课要设置在动区，远离阅览区这类静区。三是讲台与座椅的设置要易于调整，可根据课程内容灵活布局，不宜固定死。四是空间大小要合适。绘本课的形式不仅限于教师讲、孩子听，也可以加入表演等形式，因此对于绘本课堂的空间大小的考虑也是十分重要的。

在硬件设施方面，图书馆可以引进一些绘本课辅助教学设备，这不仅可以提升课堂的互动性与趣味性，还可以激发孩子对科技的兴趣。例如，南充市图书馆在开展绘本课时，就曾用到以下设施设备：智能机器人教学设备、VR 教学系统、3D 体感游戏设备、国学智慧学习屏等。这些现代化智能教学设备的投入大大提升了课堂的趣味性与互动性，让孩子们获得强烈的参与感。

（二）师资队伍

南充市图书馆绘本课的师资力量主要来源于馆内员工、合作机构的绘本老师、志愿者。

南充市图书馆工作人员中不乏幼师等相关专业的优秀人才，他们都是兼具爱心、童心、耐心与责任心的优秀馆员，在经过一段时间的专业培训与选拔后，可以胜任图书馆绘本课老师这一角色。同时，南充市图书馆还与馆外的相关机构（如幼儿园、绘本馆、青少年宫、文化馆等）建立合作机制，聘请馆外绘本老师来馆授课。此外，南充市图书馆也鼓励广大热爱绘本课的志愿者主动参与进来，并根据志愿者各自的优势分配不同的任务。

（三）读者群体

图书馆不同于学校，服务对象的不固定性是显而易见的。图书馆的绘本课也因为对象的不确定性而增加了不稳定因素。因此，在发展绘本读者群体方面，笔者建议：

（1）建立相对稳定的绘本课读者群体。图书馆可以与幼儿园、小学合作，积极推行馆校结合的服务方式。

（2）建立长效沟通机制。对参加绘本课的读者，图书馆建立专门的沟通渠道，长期跟踪，多方位互动，增进了解，提升服务质量。

（3）实行预约制。为了绘本课能保质保量地顺利开展，图书馆需对参加绘本课的读者实行预约制。图书馆根据绘本课的内容设置受众群体、预约名额、预约条件等，做到公平、公正、公开。

二、开展绘本课的实践途径

（一）绘本的选择

绘本教材的选取十分重要，选一部好的绘本，一堂绘本课就会事半功倍。可是好的绘本那么多，该怎么入手呢？不妨从以下几个方面考虑：

（1）根据年龄选择适合的绘本。例如，针对0~3岁的读者，可以选择绘本教材：《鸭子骑车记》《从头到脚》《猜猜我是谁》《好饿的小蛇》《花格子大象艾玛》等。针对3~6岁的读者，可以选择绘本教材：《冰雪男孩》《弗朗西斯森林奇遇记》《会唱歌的猫》《小棕熊的梦》《动物的脚印》等。

（2）根据读者生活经历选择合适的绘本。比如《猴子捞月》——一提到月亮，孩子们都不陌生，相信一开课就能成功激起孩子们对于月亮的讨论；《大卫，不可以》——大卫的这些"不可以"，小淘气包们是不是全都做过？《鳄鱼怕怕，牙医怕怕》——不喜欢刷牙的宝贝，请你一定要认真刷牙。

（3）根据特定主题选择绘本。图书馆肩负着教育的职能，开设绘本课不仅是为了激发孩子的阅读兴趣，更是为了发挥图书馆对未成年人的教育启蒙作用。因此，图书馆的绘本课还需要结合一定的教育主题，围绕主题选择相应的绘本。

（二）角色扮演与绘本的融合

绘本深受小朋友们青睐，很大一部分原因是其内容生动有趣，故事性强。为了进一步渲染绘本的生动性，给孩子们带来深刻而有冲击力的课堂体验，图书馆可策划一系列绘本角色扮演活动，将绘本里的场景、人物和故事都搬到课堂上来，搬到讲台甚至舞台中去，让读者从主人翁的视角去充分体验绘本里的故事，这样，绘本的情感会更加饱满，人物形象也更加鲜活。图书馆还可以邀请家长、幼儿园老师、志愿者、图书馆馆员等一同参与进来，扩大绘本课的影响力。南充市图书馆推出的"故事大王"活动就属于这类，目前已经持续推行到第五届，效果良好。

（三）穿越时空、身临其境的绘本课

有些绘本题材在现实中不太好体验，这时借助一些现代化教学设施就能很好地解决这个问题。例如，当讲到丝绸之路、恐龙时代时，南充市图书馆主要利用了VR教学系统来完成一堂沉浸式的绘本体验课。VR将虚拟现实技术与教育教学完美结合，把孩子们从现实带进预设的场景里，仿佛身临其境。孩子们可以漫步在悠长的丝绸之路，欣赏敦煌古老壁画的绝美；也可以置身于侏罗纪的森林，与恐龙一起冒险。孩子们的星辰大海就从图书馆的课堂里起航。

（四）将科创实验搬进绘本课堂

对于一些科普类绘本，如果仅限于讲和读的层面，那效果也许就不尽如人意。图书馆可从绘本上选择一些容易实现的小实验，准备好相应的实验器材，把它搬到课堂上来，带孩子们一起动动手、动动脑。通过参与实验，验证绘本上的科学知识，再加以分析和总结，便可以将抽象的科学理论更清晰化地呈现给孩子们，从而激发孩子更加浓厚的探索欲望，培养孩子们的思维力与创造力。

（五）游戏互动

游戏互动是提升绘本趣味性与参与性的又一大法宝。绘本课如何开展游戏互动？一是穿插游戏互动环节；二是打造课堂本身，使其成为兼具游戏性与教育性的一堂课。低幼龄段的孩子注意力有限，难保一整堂课都能全神贯注地跟着老师的节奏走。因此，不管绘本本身是否包含游戏内容，授课者都可以在一堂课的前、中、后段适当安排短时间的互动游戏。游戏可以与课堂内容相关，起到呼应与点缀的作用；也可以与绘本内容无关，仅仅起到调节课堂气氛、欢快收尾等作用。而对于《咚咚搭积木》《挠痒痒》这类本身内容就包含游戏成分的绘本，则更需要授课者精心设计其中的游戏环节，并且升华课堂主题。不仅要让孩子们体会到游戏本身的快乐，更要让孩子们在游戏中感知亲情与友情，学会团结与互助，懂得竞争与谦让，将图书馆的绘本游戏课打造成一堂情感课、能力课、成长课、人生课。

（六）绘本制作

图书馆可鼓励孩子们自己制作绘本，这是对孩子们动手力、想象力、思维力、创造力的综合实践与考验。绘本制作主要分为两个层面：一是孩子们将学到的绘本故事，加上自己的理解与认识，通过图书馆提供的制作平台，将故事加工成绘本图书呈现出来。二是孩子们通过图书馆绘本课的不断学习和积累，其认知能力已经从阅读层面上升至故事创作层面，也就是说图书馆将要迎接一批原创小作者啦。图书馆应积极配合孩子们，帮助他们实现绘本创作梦。无论创作出了怎样的绘本，对于孩子们来说都是极大的鼓励，极具成长意义。图书馆应给予他们充分的肯定和奖励，例如举办表彰仪式、颁发荣誉证书、展示成果、收藏作品、奖励礼品等。通过这些鼓励，激发少儿更持久、更深层的阅读兴趣和创作动力。

三、加强宣传推广

（一）增强品牌意识

给图书馆的绘本课创立品牌，设计专有 Logo。当然，品牌的运营不能止步于形式上的打造。除了品牌名与 Logo，还需要确立品牌思想、核心价值、实现途径等。通过全面的包装与扎实的内容，将品牌形象根植人心。

（二）多渠道宣传

在信息化时代，绘本课宣传和推广的方式是多种多样的。从宣传媒介方面来看，可以利用的平台有网站、微信、微博、QQ 群、抖音等。从具体的宣传手段来看，线上宣传推广活动通常结合转发分享、点赞投票、评论跟帖等方式来增加关注度和增强互动性。图书馆可充分利用各种宣传平台，策划各种推广活动，扩大图书馆的影响力，让更多的人参与到图书馆的绘本课中。

参考文献：

[1] 王瑞雪. 少儿图书馆绘本讲读服务的探索与创新 [J]. 河南图书馆学刊，2021，41（3）：134-136.

[2] 李研文. 面向少儿的公共图书馆"立体式"绘本阅读推广服务模式 [J].
图书馆学刊，2016 (8)：62—64.

作者简介：

王海，女，汉族，南充市图书馆少儿部副主任，图书资料馆员。

第二篇

阅读推广篇

老年读者的阅读需求及读物获取途径调查分析

冯 春

（西充县图书馆 四川西充 637200）

摘 要：在当今数字信息快速发展的情况下，如何做好老年读者的阅读服务是摆在公共图书馆面前的一道重要课题。本文采用随机问卷调查和半结构化访谈的方式进行调查分析，发现老年读者阅读随意性较大，对图书馆的信任度比较高；读物获取方式方面，向图书馆借书占 98.4%；老年读者阅读习惯没有多少变化，大多数还依赖传统阅读方式。本文建议公共图书馆应注重对老年读者的阅读引导，多层面、多举措构建老年读者阅读需求立体服务网络架构。

关键词：老年读者；阅读需求；分析调查

公共图书馆是社会教育最重要的参与者和践行者，老年读者的阅读习惯和需求又是阅读服务、全民阅读推广的重要组成部分。当下，我国人口老龄化进程不断加快，为老年读者的阅读学习需求服务也成为当下公共图书馆不容忽视的重要工作。可以毫不夸张地说，家里有爱阅读的老人就是请了个免费的老师，他们从方方面面阅读学习来的法律知识、时事政治、人文历史等知识都会潜移默化传播给更多的人。

西充县地处四川盆地东北部，面积 1108 平方公里，历史悠久，名人辈出，自古就有"穷不离书、富不离猪"的耕读文化传统。但该县经济不发达，老龄人口较多，60 岁及以上老年人数 10 余万人，老龄化程度高。我们根据需要，对西充县 60 岁及以上的老年人不同层次的阅读需求情况及读物获取途径进行调查，以探究老年读者阅读需求特点，为公共图书馆全民阅读推广提供参考。

一、调查对象与方法

(一) 调查对象及内容

调查对象为随机抽取的部分年满 60 岁及以上的老年读者（包括活动现场围观老人），调查分两次比较集中地开展。第一次是利用 2020 年"4·23"读书活动送文化下乡的机会，随机选取符合条件的老年人，共发放问卷 110 份，收回 110 份，回收率为 100%，均为有效问卷。在接受随机调查的老年人中，男性 63 人，女性 47 人；年龄最大者为 93 岁；无阅读能力（文盲）19 人。第二次是 2020 年 8 月对晋城镇、仁和镇、双凤镇等进行入户走访问卷调查访谈，并采访了县老年大学、县委宣传部等机关，共随机走访调查了 91 位符合条件的老年人（男性 52 人，女性 39 人），其中无阅读能力（文盲）31 人。

调查内容主要包括被调查老年读者的个人基本情况、日常阅读需求及读物获取途径等。基本情况包括年龄、性别、婚姻状况、文化程度、职业类别、生活模式、健康状况、经济状况等，日常阅读需求包括时政阅读需求、情感阅读需求、古籍阅读需求、创作阅读需求等，读物获取途径包括自购、借阅、图书馆、老年活动中心、其他场所等。

(二) 调查方法及实施步骤

调查在县图书馆和部分乡镇相关工作人员的帮助下进行。一是通过问卷调查表进行调查。考虑到老年读者健康因素以及文化程度等问题，调查普遍采用采访方式，根据老年读者的回答填写问卷，少部分老年读者愿意自行填写。二是通过访谈进行调查。从"平时在阅读中，您更关注哪些方面的内容？""一般会通过哪些渠道获取这方面的内容？""你去过村里的农家书屋或镇上的书店或图书室吗？""阅读过哪些图书？""多久去一次？"等方面对老年阅读者进行访问。本次调查分为两个小组进行。

二、调查结果与分析

(一) 老年读者基本情况

从表 1 可以看出：60～69 岁的低龄老年读者相对较多，占 63.9%；70～79 岁占 31.9%；80 岁及以上的老年读者相对较少，约占 4.2%。调查是利用

"4·23"读书活动送文化下乡等机会，在城北新区广场、双凤镇、狮龙养老院等公共场所进行的。文化程度上，文盲占26.2%，小学文化程度占49.8%，中学文化程度者占20.4%，大专及以上高学历老年读者很少（约占3.6%）。职业方面，被调查的老年读者大多是农民，占49.3%；有部分城镇居民，占22.0%；另有部分为教师、医生等其他从业者。被调查的老年读者大多是当地居民，夫妻共同居住或独居者共有126人，约占66.0%；少部分老年读者与子女同住，所占比例约为27.7%；敬老（养老）院等其他方式居住者占6.3%。健康状况方面，100%的老年阅读者患有多种慢性疾病，需长期不间断服药。经济状况方面，月收入不足1000元者有57人，所占比例约为29.9%；月收入为1000~1500元者有82人，占比为43.0%；月收入超过1500元的老年读者约占27.1%。多数老年读者的生活来源主要是退休金或养老保险金以及子女资助。

表1 老年读者基本情况

基本情况	调查选项		人数（人）	百分比（%）
性别	男		115	60.2
	女		76	39.8
年龄	60~69 岁		122	63.9
	70~79 岁		61	31.9
	80 岁及以上		8	4.2
文化程度	文盲		50	26.2
	小学		95	49.8
	中学	初中	28	14.7
		高中	11	5.7
	大专及以上		7	3.6
职业	农民		94	49.3
	城镇居民		42	22.0
	工人		19	10.0
	教师		21	11.0
	医生		8	4.1
	其他		7	3.6

基本情况	调查选项			人数（人）	百分比（%）
生活模式	家庭生活	独居		28	14.7
		与子女同住		53	27.7
		与配偶同住		98	51.3
	社区生活			0	0
	机构生活	养老院		12	6.3
		其他机构		0	0
健康状况	慢性病	有	服药情况 长期	151	79.0
			服药情况 短时	46	21.0
			住院情况 次	0	0
		无		0	0
	服用保健品	是		67	35.0
		否		124	65.0
经济状况	经济来源	退休金或养老保险金		108	56.5
		子女资助		78	41.0
		做兼职		2	1.0
	小本生意			0	0
	其他			3	1.5
	月平均收入	1000 元以下		57	29.9
		1000～1500 元		82	43.0
		1500 元以上		52	27.1

（二）老年读者阅读需求状况

本调查从阅读态度、阅读目的、阅读时间、阅读场所、阅读内容、读物选取原因、读物获取方式、读物类型等方面进行随机调查和访谈，其结果如表 2 所示。

表 2 老年读者阅读需求情况调查

阅读需求 类别	内容	性别人数（人）		合计人数 （人）	百分比 （%）
		男	女		
阅读态度	老了就没有必要读书了	32	28	60	31.4
	阅读可以充实生活	72	56	128	67.0
	阅读对身体不好	6	4	10	5.2
	阅读可保持大脑灵活	81	74	155	81.1
	不阅读会感到空虚	102	82	184	96.3
阅读目的	了解时事	77	35	102	53.4
	休闲消遣	87	44	131	68.5
	保持大脑活跃	81	74	155	81.1
	解决实际问题	35	22	57	29.8
	打发时间	87	75	162	84.8
	完成研究（写作）	24	7	31	16.2
	宗教信仰	7	0	7	3.6
阅读时间	早上	22	14	36	18.8
	上午	53	42	95	49.7
	下午	15	8	23	12.0
	晚上 10 点之前	17	6	23	12.0
	晚上 10 点之后	0	0	0	0
阅读场所	自己家里	51	23	74	38.7
	图书馆	107	68	175	91.6
	公园	25	11	36	18.8
	活动中心	45	34	79	41.3
	小区图书室	36	25	61	31.9
	其他场所	7	3	10	5.2

阅读需求类别	内容	性别人数（人） 男	性别人数（人） 女	合计人数（人）	百分比（%）
阅读内容	医疗保健	52	32	84	43.9
	时事政治	67	25	92	48.1
	人文社科	50	21	71	37.1
	人物传记	45	34	79	41.3
	小说诗歌	41	23	64	33.5
	烹饪园艺	28	63	91	47.6
	科普知识	38	25	63	32.9
	育儿知识	27	64	71	37.1
	天文地理	41	21	62	32.4
	经济法律	45	24	69	36.1
	书画摄影	42	23	65	34.0
	宗教哲学	27	21	48	25.1
	专业知识	24	12	36	18.8
	心理学	7	2	9	4.7
读物选取原因	随意翻阅	75	61	136	71.2
	特定作者	41	33	74	38.7
	他人推荐	27	14	41	21.4
	图书馆推荐	57	44	101	52.8
	畅销情况	27	25	52	27.2
	广告宣传	14	11	25	13.0
读物获取方式	购买	18	7	25	13.0
	向他人借	0	0	0	0
	向图书馆借	117	71	188	98.4
读物类型	图书	104	87	191	100.0
	报纸	76	45	121	63.3
	杂志	49	32	61	31.9
	古籍	9	2	11	5.7

（三）阅读需求数据分析

在阅读态度方面，96.3％的老年读者表示不阅读会感到空虚，81.1％的老年读者表示阅读可保持大脑灵活。另外，31.4％的老人认为老了就没有必要读书了，5.2％的老年人认为阅读对身体不好，体现了部分老年人智力认知、消极心态、社会关注等方面的问题。在阅读目的方面，打发时间、保持大脑活跃、休闲消遣、了解时事这些方面目的性较高，分别占调查人数的84.8％、81.1％、68.5％和53.4％。阅读场所最多的是图书馆（占比91.6％），其次才是自己家里、公园以及小区图书室。阅读时间分布上，上午最多，其次是早上，分别占比49.7％和18.8％。晚上10点过后没有人阅读，符合老年人作息规律。阅读内容方面，较多的是时事政治和烹饪园艺，分别占比48.1％和47.6％。在读物选取原因上，随意翻阅和图书馆推荐排在前面，分别占比71.2％和52.8％，说明老年人阅读随意性较大，对图书馆的信任度比较高。读物获取方式方面，向图书馆借占比高达98.4％，购买者很少。读物类型上，图书占100.0％，其次是报纸（63.3％），然后是杂志（31.9％），说明相当一部分老年读者还依赖于传统阅读方式。

三、结论与对策建议

（一）主要结论

（1）公共图书馆是老年读者获取知识、消遣休闲的主要场所。

老年读者大多不会主动购买图书，最好的方式就是信步于图书馆、小区图书室、书店等有图书的地方，随意翻阅。对图书馆推荐的时事政治、医疗保健、烹饪园艺、经济法律等方面的图书，他们大多会接受。在全民阅读推广和社会教育工作双重责任下，公共图书馆加强对老年读者群体进行阅读推广和阅读引导显得尤为重要。

（2）调查发现，受农家书屋开放程度、自身文化程度等方面限制，农村老年读者的阅读时间相对城镇老年读者要少得多，因此抓好图书馆分馆建设以及送书下乡等工作显得十分重要。各级政府应加大对农家书屋的投入和管理，加大对农村老年读者阅读需求的关注度，拓宽农村老年读者获取信息的渠道，并根据不同老年读者的个性化需求，主动推送符合他们需要的读物和内容。

（二）对策建议

（1）公共图书馆应加强对老年读者的阅读引导和服务，保证老年阅读群体的阅读方式多样、便捷、灵活。一是要建立和完善老年读者阅读需求的保障体系，制定长远目标和规划，以确保更加有针对性地为老年读者提供服务。二是加强与老年读者有关的基础设施建设，设立专门的阅读座椅、老花镜、放大镜、雨伞、拐杖、轮椅、避寒避暑物品、医用急救包等辅助工具。有条件的公共图书馆可以设立专门的老年读者阅读区域或老年人图书馆，建立老年读者阅读需求信息台账，成立专门服务于老年读者的服务团队，加强与老年读者的沟通和交流，激发他们的阅读积极性，从而构建良好的老年人阅读服务体系。三是建立健全老年读者阅读行为保障规范。制定《老年读者阅读服务规范》《老年读者阅读注意事项》《老年读者阅读服务保障制度》《陪读老年读者奖励办法》等规章制度，确保老年读者阅读权益受到保障，同时鼓励其亲人、学生、志愿者等个人和团体到图书馆陪伴老年读者阅读，建立"陪读"信息数据库，为文明城市建设、社会教育、个人诚信建设等方面提供参考和依据。四是利用社会保障卡与公共图书馆阅读服务有机融合的有利条件，为老年读者提供养生知识、养老政策、医疗保险、日常生活问题处理等服务，让阅读学习和生活健康紧密相连。

（2）多层面、多措施构建立体服务网络。利用图书馆总分馆、城市书吧、阅读推广服务点等场地场所为老年读者提供阅读服务活动。加大阅读推广力度，创新阅读推广方式方法。从打造阅读阵地服务着手，积极推广数字阅读。充分利用微信公众号、数字图书馆开展掌上阅读服务；利用电视电台开展全方位、立体式阅读听书活动；针对农村老年读者的特点，将图书分馆设置在活动方便、无障碍的地方；有条件的农家书屋可以采取上门服务的方式，使老年读者足不出户就能享受到图书馆丰富的文献资源。

公共图书馆在加强与老年读者沟通的同时，还要注重与社会相关部门特别是政府部门的"老龄委"、老年大学和社会自发组织的各种老年协会等机构衔接，加强对老年读者的人文关怀，主导或者联合举办针对性较强的老年读者阅读学习方面的培训班、讲座、座谈会、读书会等活动，发挥公共图书馆在全民阅读推广活动中的重要作用。

参考文献：

[1] 郭明蓉，冯春，陈莉. 乡镇老人健康养老信息需求及获取途径调查分析
　　[J]. 智慧健康，2019 (16)：35－40.

作者简介：

冯春，男，汉族，西充县图书馆馆长。

文旅融合背景下公共图书馆少儿阅读
推广策略探析

雷　俊

（仪陇县图书馆　四川仪陇　637600）

摘　要：文旅融合不仅能够促使文化产业和旅游资源高效地升级转型，也能形成全新的文化旅游产业。其中，公共图书馆作为主要的文化产业，要以此为契机，利用文旅融合来高效推广少儿阅读。本文对文旅融合背景下公共图书馆少儿阅读推广策略进行了探析。

关键词：文旅融合；公共图书馆；少儿阅读

全民阅读推广过程中，少儿阅读一直都是公共图书馆推广的难点，图书馆要以文旅融合为主要契机，借助全民阅读的时代特色，为少儿阅读的推广注入新鲜活力，促使少儿阅读推广方式全面创新，让未成年人能够发自内心地热爱阅读。

一、公共图书馆少儿阅读推广的意义

公共图书馆是公共文化的重要传播机构，担负着文化传承、资料储存、公民文化素养教育等职责。文旅融合的背景下，公共图书馆可依据自身的特色馆藏资源、别致的文创产品和具有地域特色的建筑风格，来促使文化产业和旅游资源齐头并进。文旅融合背景下的公共图书馆少儿阅读推广的意义主要有以下三个方面。第一，它拓宽了少儿阅读推广思路。通过文旅融合，促使公共图书馆进行技术融合、界域融合、功能融合，打破了传统的思维方式，立足于新视角来丰富少儿阅读的形式和内容。第二，它延伸了公共图书馆少儿阅读的推广空间。公共图书馆主要依托馆内活动空间来开设系列活动，在文旅融合背景下，公共图书馆可以同相关旅游景点进行合作，打造系列阅读驿站，让少儿阅读得以高效延伸。第三，它丰富了公共图书馆推广少儿阅读的系列主题。传统少儿阅读的推广主题均是经典名著等。然而在文旅融合的时代环境下，公共图书馆可以立足于地域特色，策划专项少儿阅读主题活动，促使当地少儿能够自小生长在浓郁的地域文化中，感受文化魅力，品味风土人情，促使他们深刻感受到家乡文化的魅力，激发对家乡的热爱之情，提高阅读兴趣。

二、公共图书馆少儿阅读推广优势

（一）环境优势

同书店、家庭、学校相比，公共图书馆相关的硬件基础设施、软件配置、阅读氛围等存在极大优势，并且随着全民阅读的日渐普及以及国家对此的重视，各级政府都下拨专项资金，出台相关政策，以此支持图书馆建设。现有公共图书馆内部可为读者提供更加舒适的阅读环境。很多公共图书馆内部开设了多种功能室，设有少儿阅览区或未成年人借阅区。并且图书馆根据区域不同，阅览架高度也会有所不同，少儿区会专门统计少儿平均身高来进行设立，以此方便少儿拿取图书。

（二）资源优势

公共图书馆作为主要的文献存储机构，拥有丰富的文献资源。在互联网时代，除了官方网站，大多数公共图书馆还在微信、微博、抖音等平台开通了官方账号，读者可以借助移动设备随时随地获取阅读资源和图书馆的相关信息。在大数据时代，公共图书馆的数字资源丰富了起来，数字资源包括万方数据库、超星电子书、维普中文期刊等内容。同时，移动端电子图书馆可提供一站式搜索等服务，具有极强的综合服务能力。

（三）人员优势

图书馆管理员是公共图书馆诸多工作的主要依靠。相关管理员不仅要具备优良品质和高水平职业素养，还要具备较强的表达能力、缜密的逻辑思维能力和动手操作能力。随着公共图书馆的日益发展，图书馆管理员不仅要具备相关专业能力，还要掌握计算机技术、心理学、外语等知识。尤其在文旅融合推广少儿阅读背景下，图书馆管理员不仅要丰富自身的文化储备，也要积极学习少儿心理特点，来提高服务精准性，提高服务质量。

三、公共图书馆少儿阅读推广策略

（一）立足于地方特色，丰富少儿阅读推广方式

就公共图书馆来讲，地方特色文献、历史名人、家谱等都呈现了该地域的发展脉络，都详细记载了该地区的人文地理、风土人情和历史风貌，是地方文化重要的象征。因此，公共图书馆要加大力度挖掘特色馆藏资源的价值，并将其同旅游文化加以融合，健全图书馆旅游文献保障体系，配置相关服务，通过丰富多彩的地方活动来展现文旅融合的价值意义，最大限度地助力少儿阅读的推广。除此之外，公共图书馆要积极适应时代的发展，依托数字化手段，将地方特色资源通过视频、图片、音频等方式予以呈现。图书馆也要立足于少儿年龄和认知特点，有针对性地建设少儿电子资源的阅读平台，将资源有效利用最大化。

在文旅融合背景下，公共图书馆若是想高效推广少儿阅读，需要同各级文化机构、文化组织、其他图书馆、旅游企业等建立起深层次的合作机制，以此产生最大化的协同效应，提高公共图书馆少儿阅读质量。若是同旅游景点合作，公共图书馆要因地制宜，善于借用旅游景点的特点来推广少儿阅读。与此同时，公共图书馆也要善于利用景点旅游手册、标识牌等载体来融合少儿阅读的推广元素，促使其成为高效的阅读载体。例如，在黄鹤楼景点的介绍手册中，可以加入黄鹤楼相关诗句，来激发游客的兴趣。

除此之外，公共图书馆可以在旅游景点开展丰富多彩的阅读活动。我国旅游景点的人文艺术气息大多较为浓厚，公共图书馆可以借助该特点来开展阅读推广活动，提高活动的趣味性。例如，可以在孔庙举办学《论语》活动，让少儿扮作春秋战国时期的儒家学童，参与到还原古代的活动环境中，让少儿有模有样地学习《论语》。学习结束后，还可以开展竞赛和考试，给成绩优异者赠送相关书籍。

公共图书馆也可以同当地旅游部门加强合作，以本地旅游特色为基础，配置相应的图书资源，建设景区图书馆。为了能够推广少儿阅读，在节庆日景区图书馆可以在景区内部开展专项活动，吸引少儿读者深入馆内进行阅读和体验。图书馆还可以同地方小学进行合作，让少儿能够通过氛围浓厚的阅读体验活动，满足相关的阅读需求，促使少儿阅读推广达到优质效果。

（二）迎合少儿不同阶段实际需求，开发不同风格的文创产品

文旅融合背景下公共图书馆少儿阅读的推广，也可以文创产品开发作为主要切入点。文创产品具有深刻的文化内涵、别致的地域特色以及丰富的趣味益智性，能够吸引少儿自主阅读。寓教于乐的方式也能强化少儿对图书馆的高度认同感。因此公共图书馆可以立足于不同年龄阶段少儿的特点，针对少儿不同阶段的兴趣进行相应设计。针对低龄幼儿，可以设计安全环保的益智类文创产品；针对小学阶段少儿，可以设计互动性强且实用的文创产品；针对中学阶段少儿读者，则要紧跟时代潮流，设计创意性强的文创产品。与此同时，公共图书馆也可以针对某类书籍设计专项文创产品，并全程开放，让少儿读者可以参与其中，这样既能够提高图书馆同少儿读者的互动性，也能更科学地引导少儿读者正确阅读。除此之外，公共图书馆也可以积极与少儿品牌进行合作，开展品牌读书会，设计活动衍生品，来调动少儿读者的参与积极性，提高活动影响力。

（三）提升公共图书馆馆员综合素质，促使少儿阅读推广更加高效

文旅融合背景下公共图书馆推广少儿阅读，要有高水平的复合型人才队伍作为基础保障。因此，公共图书馆相关管理人员不仅要熟悉相关政策，要具有娴熟的沟通能力、人际交往能力，还要具备教育知识、心理知识、民族文化知识和相关礼仪。鉴于此，公共图书馆要针对图书馆现有管理人员开展系列专家讲座，加大资金投入，促使图书馆管理人员走出图书馆，同高水平人才进行工作交流，通过系列实践性活动提高图书馆管理人员的综合素养。此外，也可以聘请文化旅游界的相关专家深入图书馆担任推广顾问，全面优化图书馆人才发展机制，促使公共图书馆在文旅融合的背景下，高效推广少儿阅读。

结语

文旅融合背景下公共图书馆少儿阅读推广需要相关图书馆予以重视，并发挥合力，利用各种旅游资源开展丰富的活动，促使少儿能够真心热爱阅读，全身心投入阅读，体会到阅读的快乐。

参考文献：

［1］张纳新.文旅融合背景下公共图书馆少儿阅读推广策略研究［J］.图书馆工作与研究，2020（8）：123－128.

［2］周雪芹.文旅融合下公共图书馆开展少儿阅读推广的创新路径研究［J］.河南图书馆学刊，2020（11）：26－28.

［3］金龙.文旅融合背景下公共图书馆研学旅游服务创新策略［J］.图书馆工作与研究，2019（5）：123－128.

［4］胡彩红.文旅融合时代公共图书馆阅读推广策略分析［J］.卷宗，2020（2）：199.

作者简介：

雷俊，女，汉族，仪陇县图书馆副馆长，图书资料馆员。

浅谈新时代公共图书馆的阅读推广

吕　静　赵嘉玲

（南充市图书馆　四川南充　637000）

摘　要：新时代公共图书馆阅读推广面临的困境，主要包括阅读推广未能实现制度建设标准化、服务体系品牌化、内容供给效益化等问题。针对于此，本文对新时代背景下提高公共图书馆阅读推广的价值进行分析。

关键词：公共图书馆；阅读推广

国家"十四五"规划提出要深入推进全民阅读，建设"书香中国"，文化和旅游部的文化和旅游发展"十四五"规划也指出，应不断完善现代公共文化服务体系，广泛开展全民阅读活动。公共图书馆在推动全民阅读中承担着重要的角色和任务，经过20多年的实践，取得了喜人的成绩：大力推动了全民阅读，培育了阅读新风尚，促进了知识传播，为提高人民群众的科学文化素质、建设学习型社会作出了卓越贡献。

一、阅读推广的概述

阅读推广，是图书馆或者其他文化部门开展以培养公众阅读意愿或者阅读能力、促进公众阅读行为的服务。公共图书馆的阅读推广具有开放性。公共图书馆是向社会公众免费开放，收集、整理、保存文献信息并提供查询、借阅及相关服务，开展社会教育的公共文化设施，因此，公共图书馆阅读推广的对象是不分国籍、性别、年龄、职业类型、文化程度和文化背景的。公共图书馆的阅读推广具有主动性，在早期阅读推广工作模式中，由于技术和理念限制，以被动向读者服务为主，服务流程是：在读者前往公共图书馆办理读者证后，再向读者提供图书文献查阅、借出等阅读服务。而随着互联网、大数据、5G技术、云服务的到来，传统的工作模式已满足不了读者阅读诉求，图书馆馆员需升级服务理念与服务水平，主动向潜在读者提供知识方面的阅读服务。例如，各地图书馆逐渐使用微信公众号、微博等网络社交平台，定期推送、发布有关文献资料的视频信息。公共图书馆的阅读推广具有多样性，面对不同阅读能力、阅读层次、专业领域的读者，图书馆根据不同读者的具体阅读需求提供个性化服务。例如，读者画像是根据读者登录个人账户访问图书馆数据库查找图书资料时的浏览记录，通过大数据分析后向用户提供满足阅读需求的定制图书资料书单。公共图书馆开展形式多样、内容丰富的阅读推广活动，能够提升读者阅读意愿和阅读能力，从而提升读者对中华优秀传统文化的认同感和归属感，进而增强文化自信。公共图书馆开展以阅读为核心的综合性文化服务，能够持续提升社会影响力，为推进社会主义先进文化发展作出积极贡献。

二、新时代公共图书馆阅读推广存在的问题

图书馆作为重要的知识载体，承担着提高读者素质、传承文明、培根铸魂的重要角色和重要任务。《第十八次全国国民阅读调查报告》指出，2020年我国成年国民人均纸质图书、人均电子书阅读量分别是 4.7 本和 3.29 本。虽然阅读量有所提升，但数量依然偏低。新时代公共图书馆阅读推广存在的问题主要集中在如下三个方面。

第一，互联网技术的高速发展形成了阅读载体、阅读路径、阅读方式多种多样的阅读环境，线上阅读的泛阅读、碎片化阅读等阅读方式成为现代社会人们阅读的主要方式，也掀起了阅读热潮。但是这些方式易造成读者注意力分散、阅读效率低、阅读品质不高，重时尚轻经典、重消遣轻求知、重泛读轻精读等问题。从某种意义上来说，互联网高速发展分散了读者的阅读兴趣，也影响了阅读公共推广的成效。

第二，图书馆开展阅读推广工作的形式简单，缺少有针对性的引导，存在一定的盲目性与随意性。目前，部分公共图书馆在开展阅读推广的过程中，重形式轻内容，缺乏吸引读者的文化内涵，导致阅读推广活动没有特色、没有规模，全民阅读的深度和广度不够。

第三，馆员专业水平不够，创新能力弱。馆员的文化素养状况和阅读推广水平参差不齐，部分公共图书馆工作人员的专业素质不达标，其在工作中仅仅为读者提供查询、检索图书等简单的阅读推广工作，在面对读者复杂的信息需求时，未能针对读者的使用喜好、行为数据进行全方位分析，难以为读者提供高质量的服务，影响了公共图书馆整体阅读推广的效果。

三、新时代公共图书馆阅读推广的建议

(一) 强化宣传，引领全民阅读新风尚

公共图书馆应更全面系统地审视阅读，提升阅读质量，大力宣传文化自信，弘扬积极向上的阅读理念，引导读者形成正确的阅读意识，全面提升读者的阅读能力。阅读推广促使图书馆强化阅读宣传，吸引读者参与到阅读推广的活动中，从而促进阅读推广活动的渗透力和影响力。在宣传前期，图书馆应明确阅读推广的目的、意义，摸清读者阅读的兴趣点，收集和整理相应阅读推广资料。在宣传工作的开展中，在宣传手段上，一方面采用线上宣传，充分利用新型宣传手段，比如本馆网站、微信公众号、微信朋友圈、QQ群、微博等。另一方面采用线下宣传，通过进机关、学校、部队、企业、社区等方式，从不同群体的职业特性和工作学习需要着手，开展有针对性的咨询和参考，保证宣传效果。在宣传内容上，积极利用现代信息技术，打破时间、空间限制，构建移动图书馆，进行线上直播等。利用"互联网＋"的优势，将讲座成果进行再加工后，听众可进行讲座内容回放。在宣传后期，畅通读者信息反馈渠道，关注读者意见，及时评估宣传效果，建立长效宣传机制。

(二) 以读者为中心，有针对性地做好阅读服务

公共图书馆要时时刻刻研究阅读、研究读者、研究文献信息，并将推广阅读、推广文献信息作为推广工作的重中之重。由于读者的阅读心理、信息需求存在较大的差异，不同读者所从事的工作行业不同，对阅读诉求也不同，对读者进行研究，有针对性地做好阅读服务，明确读者的阅读兴趣、专业性质及知识范围，了解读者阅读规律，就成为阅读推广工作的必修课程。

(三) 发挥优势，提升阅读推广新品质

阅读推广是公共图书馆事业发展的核心和基石，需要图书馆实实在在行动。一是公共图书馆要发挥阵地优势，为广大群众提供良好的阅读体验，提升阅读推广工作质量。将公共图书馆建设成具有城市特色的标志性建筑，激发读者的阅读兴趣，丰富读者的阅读体验。例如，上海浦东图书馆是国家一级图书馆、上海网红文化地标之一，是我国公共文化服务高质量发展的标志性建筑，读者走入形似"大书柜"和"书山"的建筑空间，沉浸于静谧的环境氛围中，

即可去完成一场自我发现之旅。二是公共图书馆要发挥馆藏优势。一方面，图书馆作为图书存储中心可为广大民众提供丰富的文献资源，读者可以在图书馆知识的海洋中遨游。另一方面，随着互联网技术、云服务及大数据的发展，公共图书馆建设了优质的图书信息线上平台，拓宽了图书馆阅读推广新形式，可以通过优质的图书信息线上平台满足特殊群体日益增长的精神文化需求。与此同时，信息的跨地区、跨空间交流成为可能，这就为各个图书馆之间资源的共享提供了基础条件，拓宽馆藏资源的覆盖面。三是公共图书馆要发挥专业优势。图书馆可持续打造有特色、有规模、有示范作用的阅读推广活动；立足地方特色，创新活动形式，策划打造群众参与度高、辐射面广的图书馆阅读推广新品牌。例如，南充市图书馆利用传统节日举办阅读文化专题活动，春节期间，开展"舌尖上的年味儿·春季传统美食主题展"、春节趣味民俗知识闯关线上答题、微博关注有奖、"贺新春·品民俗"知识竞答挑战赛、新春典籍文化展——典籍里的中国年等"年味大餐"活动。南充市图书馆还形成了嘉陵江大讲堂、我是小小图书管理员、书香天府·万卷南充等阅读推广品牌。

（四）提高馆员能力，提升阅读推广服务水平

馆员的能力是公共图书馆阅读推广工作的坚实基础。可重点开展"图书馆馆员信息素养业务能力提升行动"，提升馆员信息素养业务能力，促进馆员的全面发展。一方面，应定期进行在职培训，在培训中讲解更多符合新时代的阅读推广理论、实践知识，借此提升馆员专业素养。同时，管理者可以将"岗位体验"的思维融入未来优化阅读推广方法的过程中。另一方面，图书馆应科学设立馆员考核机制，将馆员的阅读推广专业水平、读者满意度作为重要指标，激励馆员提升专业能力，提高公共图书馆知识服务质量。

（五）完善制度，为阅读推广保驾护航

深化阅读推广理论研究。比如，有针对性地组织召开不同主题的学术会议、研讨会，为广大图书馆馆员搭建阅读推广学术交流平台，同时在阅读推广实际工作中不断总结工作规律、工作经验，形成阅读推广标准化、规范化的制度，为阅读推广保驾护航。

综上所述，在新时代，公共图书馆的阅读推广工作要善于利用新技术、新理念，结合自身资源，切实做好阅读推广机制创新以及人才培养工作，提高公共图书馆在现代社会的影响力，最终推动全民阅读向纵深发展，在全社会营造爱读书、读好书、善读书的良好风尚和书香氛围。

参考文献：

[1] 余凯旋. 《公共图书馆法》背景下公共图书馆少儿阅读推广工作探析 [J]. 老区建设，2019 (12)：57－60.

[2] 张华. 面向文化自信的手机经典阅读推广研究 [J]. 河南图书馆学刊，2019 (10)：6－8.

[3] 丛全滋，郭君. 图书馆阅读推广浅论 [J]. 图书馆理论与实践，2022 (11)：57－62.

[4] 王丹. 大数据时代公共图书馆图书管理的创新路径 [J]. 传媒论坛，2021 (11)：146－148.

[5] 刘海涛. "双高计划"背景下高职院校图书馆"阅读推广＋"服务策略与范式研究 [J]. 图书馆学刊，2022 (8)：12－14.

作者简介：

吕静，女，汉族，南充市图书馆，图书资料助理馆员。

赵嘉玲，女，汉族，南充市图书馆副馆长，图书资料副研究馆员。

图书馆新媒体阅读推广活动分析
——以仪陇县图书馆为例

张盛军

（仪陇县图书馆　四川仪陇　637600）

摘　要：信息时代，新媒体的发展十分迅速，这为许多领域的发展与改革带来了新的契机。地方公共图书馆是一种提供知识传播和知识服务的公共服务场所，其在新媒体环境下如何抓住新媒体带来的契机，进一步提高自身的社会服务效能和发展可持续性，成为需要多方面探讨的问题。运用新媒体的渠道优化和阅读推广模式创新满足读者对图书馆服务的多元化需求，推进图书馆服务模式的现代化改革，更有助于图书馆的长远发展。本文以仪陇县图书馆为例，分析新媒体环境下图书馆阅读推广工作的现状与问题，并提出了相关建议。

关键词：图书馆；新媒体；阅读推广活动

引言

图书馆是知识的汇聚场所，具有丰富多样的文献资料和图书资源，可满足不同人群的需求。而在新媒体背景下，以往单一的纸质阅读形式已无法满足人们越来越快节奏的生活和需求，图书馆应当借助新媒体的优势进行创新，探索出一条新媒体背景下的现代服务模式，同时利用阅读推广活动提升图书馆的社会服务水平。

一、新媒体环境下图书馆阅读推广现状分析

仪陇县图书馆坐落在仪陇县城春晖路北段县文化活动中心，总馆舍面积约3000 平方米。仪陇县图书馆兴建于 1930 年，在 1979 年时成为独立建制的事

业单位，秉承着服务至上的原则，公共图书资源免费对外开放，并且为市民阅读提供完善的设施条件和安静闲适的馆内环境。仪陇县图书馆开设了报刊阅览、图书外借、儿童阅览、地方文献查询等服务，凭借着优秀的服务和馆内环境、现代设施等条件，2018 年再次被文化和旅游部评为"国家二级图书馆"。随着信息技术的快速发展，仪陇县图书馆也意识到了数字化阅读对阅读推广的重要意义，在现有的阅读推广工作中积极探索创新。面对阅读环境的变化，新媒体环境下的公共图书馆阅读推广应更关注推广的个性与延伸性，推广需要立足于既有的阅读资源向各个方向延展，根据当前人们的阅读习惯和阅读需求，将图书馆阅读与读者的生活相结合。仪陇县图书馆在现代化建设与新媒体阅读推广方面简明扼要地找准了信息技术的关键点，利用大数据分析和云计算等技术实现了阅读资源的有机整合和阅读推广的可持续性运作。在数字化时代，互联网数字化阅读是图书馆阅读模式改革的主要方向，而新媒体和现代信息技术则为这一目标的实现奠定了必要基础。

二、图书馆新媒体阅读推广的不足

（一）阅读推广服务没有长效机制

随着文化自信战略的全面推进，地方公共图书馆的职责不再单单是社会性的知识服务，同时肩负着文化传播的使命。由于传统图书馆服务模式的制约，图书馆无法有效预判复杂多变的社会环境，阅读推广服务的发展仍然较为滞缓，没能适应新媒体发展与改革的要求，也影响了读者对地方公共图书馆的期待。虽然图书馆在服务模式上进行了创新，但若不具备长效机制，那么读者对于图书馆服务也不会很满意。

（二）与读者的沟通存在障碍

在新媒体背景下，仪陇县图书馆虽然在服务上进行了创新，但阅读推广活动的创新举措仍然存在一定不足，创新思维和方法并没有适应当前的时代趋势。如张贴海报、摆展板、拉横幅等宣传方式都是传统手段，只能够影响到一小部分读者，辐射范围太小。在信息时代，这类单向的推广方法既不能实现与读者的双向互动，也没有在与读者沟通互动上建立有效机制，难以激发读者的阅读兴趣。

（三）阅读推广服务精细化水平不足

针对图书馆的社会服务价值来说，阅读推广服务群体的对象是所有人，包括老人、儿童等，这就要求图书馆具备充分的资源来应对不同层次读者的需求，从而解决阅读推广服务模式单一的问题。虽然仪陇县图书馆的馆藏资源比较丰富，但在阅读推广方面却存在着不够多样、精细的问题。在信息技术快速发展的背景下，我们应当着眼于图书馆的发展转型。但图书馆的转型发展当前仍然处于探索环节，逐层细化方面存在不足。

三、图书馆新媒体阅读推广活动的有关策略

（一）构建阅读推广服务长效机制

地方公共图书馆作为基础文化服务机构，需要契合国家发展的切实需求，充分发挥自身的社会文化服务作用，保证自身的良好发展水平，不仅要适应社会对于知识与文化的需求，同时也要满足国家对于文化发展工作的需要。在新媒体背景下，为进一步转变图书馆发展模式，需要构建阅读推广服务长效机制，从根本上加快图书馆阅读推广服务的优化，借助新媒体的优势使图书馆获得新的发展活力。对此仪陇县图书馆需要关注资源的有效分配，避免发展后继无力问题。积极响应上级的发展决策要求，运用社会整体发展带来的发展空间来强化自身的文化服务水平。做好组织和制度建设工作，针对阅读推广工作来说，可以建立阅读推广小组或委员会，针对年度计划进行整体性的筹划和总结；实施推广人员综合素质考查机制，完善有关的激励机制。此外还需要根据新媒体阅读推广服务的基本特征，关注服务体系的构建，整合推广媒介和阅读人员等要素，建立三维阅读推广服务体系，实现阅读推广服务的创新。

（二）借助新媒体技术，实现服务的多元化

新媒体技术的支持可以突破传统阅读模式的时间与空间限制，读者只需要通过电脑或手机等终端设备就可以随时随地进行阅读。仪陇县图书馆可以运用互联网的便利性和高效性等特征实现阅读的线上线下结合，将图书馆的馆藏资源上传至互联网，建设网上图书馆，为读者提供更加便利的网上阅读服务。如申请图书馆官方微博、微信、抖音账号等，通过新兴媒体的传播力量引导更多年轻人参与到阅读之中，养成每天读书的良好习惯。以往读者想要查询资料或

者获得阅读服务都需要前往图书馆，往来需要花费交通成本且时效性较差，而网上图书馆则可以很好地解决这一问题，为读者提供更加便利的选择，非常符合当下快节奏的生活方式。可以说，新媒体技术的应用让图书馆的服务形式得到了拓展，也为读者提供了更多选择。

（三）运用新媒体实现数字化的阅读推广

随着新媒体技术的快速发展，仪陇县图书馆可以利用更多灵活的方式来开展阅读推广活动，比如线上直播和线上互动等，这不仅可以拓展图书馆与读者之间的沟通交流，阅读推广的影响力也大大增强。运用新媒体技术还可方便对读者进行信息推送，了解读者的阅读需求等。图书馆可以为读者提供微媒体等阅读方式，例如网文和短消息。微阅读能够让阅读过程变得更加便利，让读者随时随地都能展开阅读。还可以建立线上阅读群，根据数字阅读的基本特点，将爱好和需求相近的读者组织到一起，利用在线软件进行点评，开展读者之间的主题讨论活动。图书馆工作人员还可对微阅读群进行专业化管理，掌握读者的需求并进行深层次的信息挖掘，筛选有关的阅读文章，利用微媒体分享给读者群体，在有效的阅读活动中建立文化生态环境。除此之外，数字化的阅读推广活动还可结合季节的变化开展，在不同时间段针对不同需求的读者推送有关信息，推送的信息应尽量切合读者的兴趣爱好，帮助用户更深入地了解图书馆藏资源；还可以运用新媒体技术为读者展示一些应用技巧，构建读者用户微媒体咨询平台，和读者进行沟通交流，了解读者对于图书馆服务的满意度等，让图书馆在阅读推广活动中明确推广内容和推广目标。

（四）建立区域联盟，实现数字资源共享

为全面推进仪陇县图书馆阅读推广服务模式的创新，可以充分利用抖音、快手以及微信、微博等新媒体平台，在这些平台中发布一些微书评；和艺术馆、博物馆等文化中心合作，实现地区公共图书馆阅读推广服务的联合。联合性的机制更有利于图书阅读资料的共享推广，可以运用现代化的技术手段建立数字阅读服务平台，帮助读者全面了解图书馆的馆藏状况，通过文献知识搜索引擎或图书分类功能找到数字化图书资源，快速检索到想要的图书内容。当前应用较为广泛的大数据技术还可以对不同读者的图书阅读喜好情况进行信息收集和分析，根据读者的阅读点击率等数据分析其阅读习惯和喜好，为其推荐相关的图书资源，让图书馆的公共服务变得个性化和更具针对性，满足不同读者群的阅读需求，强化阅读推广活动效果。除此之外，可以在社区大屏幕或电子

宣传栏中发布图书馆相关的阅读推广信息，加深读者对图书馆的印象，和图书馆进行互动交流，提高阅读推广效率。

结束语

在新媒体背景下，仪陇县图书馆的发展机遇和挑战并存。为充分适应全民阅读和文化自信建设等发展需求，应当对阅读推广模式进行创新，利用新媒体的优势以及自身图书馆现有的服务结构、服务资源等促进阅读推广的有效开展。将公共图书馆的历史使命作为基准，强化责任意识和社会服务意识，不断强化图书馆的阅读推广服务效能。

参考文献：

[1] 葛娟. 公共图书馆阅读推广策略创新研究 [J]. 传媒论坛，2021，4 (18)：133－134.

[2] 辛艳芳. 新媒体环境下公共图书馆阅读推广服务探讨 [J]. 产业与科技论坛，2021 (15)：283－284.

[3] 曾琪. 新媒体环境下公共图书馆阅读推广的策略 [J]. 办公室业务，2021 (13)：168－169.

[4] 柳燕. 新媒体环境下图书馆阅读推广策略分析 [J]. 营销界，2021 (25)：100－101.

作者简介：

张盛军，男，汉族，仪陇县图书馆读者服务部主任，图书资料馆员。

基于文化传播视角的公共图书馆阅读推广策略研究

雷 俊

（仪陇县图书馆 四川仪陇 637600）

摘 要：本文从文化传播的视角出发，探讨了公共图书馆阅读推广策略的重要性和目前存在的问题。其中，阅读推广策略存在的问题主要包括缺乏有效的文化传播方式、阅读推广内容单一等。为了解决这些问题，本文提出了改进策略，包括提高传播方式有效性、提高阅读推广内容丰富性、加强阅读推广策略的创新等。这些改进策略可以帮助公共图书馆更好地传播文化，提高阅读推广效果，扩大受众。

关键词：文化传播；公共图书馆；阅读推广

引言

公共图书馆是文化传播和知识普及的重要场所，阅读推广是公共图书馆的核心工作。然而，当前的公共图书馆阅读推广工作存在一些问题，如缺乏有效的传播方式、阅读推广内容单一、阅读推广策略缺乏创新以及阅读推广受众有限等。

一、基于文化传播视角的公共图书馆阅读推广策略的重要意义

基于文化传播视角的公共图书馆阅读推广策略对于社会的发展具有重要意义。公共图书馆是文化传播的重要载体，阅读推广是公共图书馆的重要功能之一。通过基于文化传播视角的阅读推广策略，可以更好地推动文化传播，增强公众的文化素养，促进社会进步。同时，这也是一项长期的工作，需要公共图

书馆和相关机构的共同努力，以更好地发挥阅读推广的作用，服务公众，推动文化传播和发展。

二、基于文化传播视角的公共图书馆阅读推广策略存在的问题

（一）缺乏有效的传播方式

公共图书馆阅读推广传播通常采用讲座、展览等方式，缺乏多样化的传播方式。这使得阅读推广信息的呈现方式相对单一，难以满足读者多元化的需求。公共图书馆阅读推广的传播方式以传统的纸质出版物和线下活动为主，忽视了数字化和在线推广的方式。这导致阅读推广的传播方式过时，无法满足现代读者的需求。

（二）阅读推广内容单一

一些公共图书馆没有根据读者的需求和兴趣来设计推广策略和活动，从而导致阅读推广内容单一。一些公共图书馆的推广人员缺乏阅读推广领域的专业知识，无法深入挖掘阅读的多样性，从而难以设计出多样性的阅读推广内容。一些公共图书馆缺乏与其他机构例如与学校、博物馆等文化机构的合作，无法利用外部资源和知识。一些公共图书馆缺乏读者反馈的机制和意识，无法及时了解读者对阅读推广内容的需求和反馈。这些均导致阅读推广内容单一。

（三）阅读推广受众存在局限性

不同的年龄、职业、文化背景、兴趣爱好等因素会导致受众对阅读推广活动的不同需求，有些人更喜欢文学类的书籍，而有些人则更关注实用性和职业发展相关的书籍，因此推广活动很难满足所有受众的需求。目前公共图书馆的阅读推广主要通过宣传、推荐书单等方式进行，缺乏更多元、更具有吸引力的推广渠道，无法吸引更多的受众参与到阅读活动中。

（四）缺乏有效的评估机制

公共图书馆阅读推广活动的评估目标和标准不够明确和具体，无法衡量活动的实际效果和影响；公共图书馆阅读推广活动的评估指标和数据来源不够全面和科学，无法准确反映推广活动的效果和影响；公共图书馆阅读推广活动的评估工具和方法不够科学和实用，无法提供有效的数据支持和参考；公共图书

馆阅读推广活动的评估人员专业素质不高，无法进行科学、客观的评估，导致评估结果不准确。

（五）阅读推广资源有限

阅读推广资源有限，主要是由公共图书馆自身的经费、空间和藏书量等方面的限制所导致的。公共图书馆的经费来源可能不足，无法购买大量的图书资源；同时，公共图书馆的空间有限，无法存放无限量的图书资源；公共图书馆的藏书多样性就可能存在一定的局限，无法满足所有受众的需求。阅读推广资源有限也可能与阅读推广策略缺乏创新有关。如果公共图书馆的阅读推广策略过于单一，无法吸引更多的读者，那么公共图书馆在购买图书资源方面的投入就可能受到限制，进而导致阅读推广资源有限。

三、基于文化传播视角的公共图书馆阅读推广策略的改进

（一）提高传播方式有效性

在传统阅读推广形式的基础上，结合现代科技手段，如通过数字化展示、虚拟阅读空间等方式，提高阅读推广的传播效果，吸引更多读者参与。除了公共图书馆内的阅读推广活动，还可以通过社区、学校、媒体等多个传播渠道，把阅读推广的内容和理念传递给更广泛的受众，实现阅读文化的全民覆盖。公共图书馆可以引入阅读推广领域的专业人才，例如阅读教育专家、文化传播专家等，通过他们的专业知识和经验，提升阅读推广的传播效果。公共图书馆可以与文化机构、教育机构、出版机构等社会各界合作，共同推进阅读推广工作，例如与出版机构合作推广新书，与文化机构合作举办文化活动等，共同为阅读文化的传播贡献力量。

（二）提高阅读推广内容丰富性

公共图书馆可以加强对阅读推广人员的培训和教育，提高其阅读素养和专业能力，使其更好地了解读者需求和市场动态，开发更加多样化的阅读推广内容。公共图书馆可以通过各种渠道收集读者反馈和需求，了解读者对阅读推广内容的需求和偏好，结合市场研究结果，开发更加丰富多样的阅读推广内容，以满足读者需求。公共图书馆可以加强与社区的联系和合作，通过社区阅读推广活动，了解社区居民的阅读需求和偏好，提供更加贴近社区的阅读推广内

容，扩大阅读推广的受众群体和影响范围。公共图书馆还可以与文化机构、出版社、学校等社会各界建立合作关系，开展各种阅读推广活动，增加阅读推广内容的多样性和丰富性。同时也可以通过联动，扩大阅读推广的影响范围和受众。随着数字化时代的到来，公共图书馆可以通过开发数字化阅读资源，提供更加多样化的阅读内容，满足读者多样化的阅读需求。数字化阅读资源具有可复制、可传播、可更新等优势，可以更好地保证阅读推广内容的丰富性和更新性。

（三）加强阅读推广策略的创新

在阅读推广活动中增加新颖的元素，例如引入新的科技手段、跨界合作、创新形式和内容等。比如可以借助虚拟现实技术，让读者在虚拟的场景中体验阅读；或者与音乐、电影、舞蹈等文化活动进行合作，打造跨领域的阅读推广活动。可以根据不同读者的需求和兴趣，开展有针对性的推广活动，以满足读者多样化的阅读需求。可以制定不同主题的活动，例如面向儿童的亲子阅读活动、面向青少年的文学阅读活动、面向成年读者的学术活动等。可以引入用户体验设计思维，注重为读者提供优质的阅读体验，不断优化活动流程，提高活动的参与度、互动性和体验感，从而增强读者的参与感和满意度。公共图书馆也可以与社区、学校、企业等合作，共同推进阅读推广活动的开展，充分发挥各方的优势资源，为读者提供更多元、更有意义的阅读推广服务；同时可以通过与读者的沟通交流，了解读者的需求和意见，不断改进阅读推广策略的创新性和实用性。

（四）吸引更多阅读推广受众

公共图书馆可以通过定制化服务、扩大开放时间、开展主题阅读活动等方式，吸引更多不同年龄、职业、兴趣爱好的读者。在社区设立分馆、阅读室等阅读场所，为社区居民提供便利的阅读服务，满足不同人群的阅读需求。通过各种媒体和渠道，宣传阅读的重要性和推广活动的内容，吸引更多人关注和参与阅读推广活动。除了传统的纸质图书外，可以引入数字化阅读、有声书、电子书等多种形式的阅读材料，同时注重挖掘和推广本地历史文化等方面的阅读内容，吸引更多人参与。

（五）提升阅读推广评估机制有效性

制定明确的评估目标和标准，量化推广活动的效果和影响，为评估提供具体指导。根据评估目标和标准，制定科学、全面的评估指标和数据来源，准确反映推广活动的效果和影响。根据评估目标和标准，选择科学、实用的评估工具和方法，为评估提供有效的数据支持和参考。加强评估人员的培训和专业素质提升，提高评估的科学性和客观性，确保评估结果的准确性。

（六）拓展阅读推广相关资源

公共图书馆可以加强与其他图书馆、文化机构、出版社等单位的合作，共享阅读资源。可以通过建立数字资源平台，整合图书、期刊、报纸、电子书籍等数字资源，为读者提供更多的阅读选择。公共图书馆可以根据不同受众的需求和兴趣，推广不同类型的阅读资源。比如，对儿童读者可以推广童话故事、绘本、漫画等资源，对青少年读者可以推广青春文学、科幻小说、历史小说等资源，对成人读者可以推广文学名著、科普读物、社会科学等资源。公共图书馆可以通过各种宣传渠道，如网站、微信公众号、展览、活动等，向读者推广阅读资源。还可以加强与学校、社区等单位的合作，提高宣传的覆盖范围和效果。公共图书馆可以通过提供自助借还、自助选书等服务，鼓励读者自主阅读；还可以开展读书俱乐部、读书分享等活动，促进读者之间的交流和互动，提高阅读的积极性。公共图书馆可以通过向社会募集捐赠、购买数字资源、与出版社合作出版等方式，拓展阅读资源渠道。同时，可以通过建立众筹平台、开展义卖等活动，筹集阅读资源经费。

结论

随着社会文化的发展，公共图书馆作为重要的文化传播和阅读推广场所，对于传播和弘扬文化有着不可替代的作用。但是，在文化传播视角下，公共图书馆的阅读推广策略还存在一些问题，如缺乏有效的传播方式、阅读推广内容单一、策略缺乏创新等。针对这些问题，公共图书馆应进行相应的改进，包括提高传播方式有效性、提高阅读推广内容丰富性、加强阅读推广策略的创新等。公共图书馆应该注重文化传播和阅读推广的深度和广度，以更好地服务社会，推动文化发展和进步。

参考文献：

[1] 陈佳佳. 利用项目管理模式开展公共图书馆亲子阅读推广活动分析 [J]. 文化产业，2023（6）：87−89.

［2］贾佳. 公共图书馆区域阅读推广品牌架构模式分析［J］. 传播与版权，2023（3）：71—73.

［3］拱佳蔚. 大阅读时代公共图书馆阅读推广的创新思维与实践——以上海图书馆东馆为例［J］. 图书馆杂志，2023，42（2）：81—89.

［4］吕少平. 融媒体背景下公共图书馆阅读推广路径研究——以天津图书馆为例［J］. 兰台内外，2023（2）：73—75.

［5］白波. 公共图书馆网络直播的阅读推广效果与优化路径［J］. 河南图书馆学刊，2023，43（1）：50—53.

作者简介：

雷俊，女，汉族，仪陇县图书馆副馆长，图书资料馆员。

第三篇

信息技术应用篇

大数据背景下高校图书馆图书管理
信息化建设策略

廖　谢

（阆中市图书馆　四川阆中　637400）

摘　要：大数据的普及与应用给各个行业带来了新的发展机遇，极大地推动了我国整体经济建设的发展。各大高校图书馆也逐渐开始信息化建设，以提高管理水平，构建一体化管理模式，为读者提供丰富的信息资源，全面彰显图书馆的职能，促进图书馆的长远稳定发展。基于此，本文主要探讨研究大数据背景下高校图书馆图书管理信息化建设策略。

关键词：大数据时代；高校图书馆管理；信息化建设

大数据时代背景下，数据信息服务已经在诸多行业中得到普遍应用，极大地影响了行业模式。高校图书馆作为提供信息服务的重要场所，在当前的时代背景下，更要与时俱进，加强信息化建设。

一、优化图书馆基础设施

高校图书馆要加强信息化建设，应具备可靠的基础设施。因此，高校图书馆应加大资金投入，积极引进先进的新型设备，保障数据处理分析工作的高效性。在大数据背景下，高校图书馆的运行数据越来越多，大幅增加了信息管理系统的工作量，只有具备较高的数据处理水平，才能保障系统的稳定运行。

二、建立信息资源共享平台

高校图书馆应加强与多方的合作，建立系统化的信息资源共享平台，进而实现信息资源的共享。例如，高校图书馆可以与其他图书馆合作，建立信息共同体，积极融合信息技术手段，不断优化共享平台；加大资金投入，完善相应的硬软件设施；建立规范的管理制度，为平台创造良好的发展环境。同时，应加强对专业技能人才的培养，这样有利于拓宽共享平台，利用信息化技术手段，实现信息资源共享，满足读者的个性化需求。信息化资源平台的建设可以极大地推动高校图书馆的发展。同时，高校在信息化建设的过程中，应建立全面的共享平台，如建立图书馆联盟，加强信息共享，实现信息资源交流，并加强相关知识的融合，实现更加全面的资源融合。高校可以通过公共服务平台，为学生提供个性化服务，根据专业的差别，实施定向服务，有针对性地采购相应信息资源，保障学生能够在大量的馆藏资源中找到对自己有价值的资源信息。高校图书馆在建立信息资源共享平台的过程中，应积极与各方（如信息资源供应商）进行沟通，加强技术交流，对信息资源进行深度研发，建立科学系统的数据信息系统，保障信息资源的全面性和实效性。

三、加强图书馆智能化建设

大数据背景下，高校图书馆管理工作愈加繁琐复杂，管理人员的工作负担不断增加，尤其是信息化建设要求管理人员也具有一定的信息技术能力，才能很好地应对高校图书馆信息化建设的发展。高校应加强图书馆智能化建设，利用智能客服缓解工作人员的压力。这样也能够为读者提供更加便利、高效的服务，让其及时获取馆藏信息，充分发挥图书馆的作用。在建设智能化图书馆的过程中，要实现与多学科、多种技术的融合，加强图书馆的创新发展。同时，高校图书馆还可以利用信息技术，加强各方面的信息化智能服务。

四、拓宽图书馆图书管理外延

随着信息技术的不断发展，图书馆要想扩大图书的影响力和传播力，应基于大数据技术，进一步拓宽图书信息管理的外延，为读者带来更加丰富的信息资源。在大数据背景下，高校图书馆应对图书信息服务模式进行升级，充分利用大数据分析这一优势，为读者带来精准的信息推送。

五、强化人才团队建设

高校图书馆信息化建设离不开优质人才，所以图书馆应加强人才队伍建设，提高薪资福利水平，不断引进优秀的管理人才，为图书馆信息化建设提供人才支持。同时，高校图书馆应积极开展培训工作，提升现有馆员的综合素质，帮助他们掌握先进的信息技术，学习先进的管理理论，使他们能够良好地应对图书馆信息化建设。另外，应建立相应的考核评价机制，根据馆员的工作表现，给予相应的奖励和惩罚，强化馆员的责任意识，提高其专业素养，进而督促他们为读者提供良好的服务。

结语

综上所述，为了提高高校图书馆图书管理的信息化水平，高校图书馆应优化图书馆基础设施，建立信息资源共享平台，加强图书馆智能化建设，拓宽图书馆图书管理外延以及强化人才团队建设等，不断优化图书馆管理工作，为读者提供良好的服务，保障高校图书馆的稳定发展。

参考文献：

[1] 刘晖. 大数据背景下高校图书管理信息化研究 [J]. 办公室业务，2020（15）：72—73.

[2] 李丹. 大数据背景下高校图书馆图书管理信息化 [J]. 中国新通信，2019（20）：172—174.

[3] 高博书，高峰. 大数据背景下高校图书馆图书管理信息化探究 [J]. 商讯，2019（8）：162—164.

[4] 乔庆梅. 大数据背景下高校图书馆图书管理信息化探讨 [J]. 科技资讯，2019（2）：199—201.

作者简介：

廖谢，女，汉族，阆中市图书馆，图书资料助理馆员。

智慧图书馆环境下的数字资源一体化服务研究
——以仪陇县图书馆为例

刘晓莉　　刘　军

（南充市仪陇县图书馆　四川仪陇　637600；

南充市图书馆　四川南充　637000）

摘　要：本文从搭建数字资源服务平台、完善数字资源服务体系、拓宽数字资源服务范围、打通线上线下服务渠道四个方面，叙述了仪陇县图书馆在数字资源服务方面的尝试与实践；指出仪陇县图书馆优秀专业人才缺乏、数据孤岛仍然存在、建设发展资金缺乏等现实不足；并从应用新技术、融合新媒体、搭建互动平台、提升人员素养、加强资源合作五个方面对仪陇县图书馆构建数字化资源一体化服务提出了相应建议。

关键词：智慧图书馆；数字资源；一体化服务

引言

科学技术的快速发展，促使图书馆的基本特征、服务方式、用户体验模式也随之不断变化，这种深刻又复杂的变化伴随着图书馆发展的整个历程。智慧图书馆信息化建设中最重要的是数字馆藏资源构建，包括但不局限于传统纸质文献资源、数字化文献资源、网络化数据库资源等。

智慧物联网、区块链技术、云端存储计算、大规模数据集应用、人工智能等新型技术引领的新一轮科技变革，为图书馆向信息化、数字化、智能化、智慧化转型开辟了新途径、找到了新方法、提供了新思路。

智慧图书馆将以实物存在的知识书籍转换成以数字形态存储的电子书籍，突破空间、时间维度限制，实现人与知识的互联互通，同时能进行信息化、数字化、智能化、智慧化服务与管理，是图书馆发展的方向与趋势。2021 年 6

月，中华人民共和国文化和旅游部印发了《"十四五"公共文化服务体系建设规划》，明确了推进公共图书馆功能转型升级，推动公共文化服务数字化、网络化、智能化建设，为建设智慧图书馆指明了方向，注入了强大的信息与动力。

在智慧图书馆环境下，人们的阅读方式发生了较大的变化，通常会使用智能终端进行阅读，形成了智能化、多渠道、实时交互的方式，大大提升了传播效果，这种局面的形成促进了我国数字化阅读方式的发展。数字资源具有便于获取、存储和传播等优点，更符合当代人们的信息获取习惯，可带来更好的阅读体验，并促使图书馆继续朝着智慧化的方向发展。

一、仪陇县图书馆在数字资源服务方面的尝试与实践

（一）搭建数字资源服务平台，提高数字资源利用率

构建数字资源服务体系和数字资源服务平台，既是数字信息时代公共图书馆的重要任务，也是构建公共数字文化特色资源体系的重要环节。在全民阅读的大环境下，仪陇县图书馆始终奉行"为读者倾心、为读者尽心"服务理念，坚持全面开放、全员共享的发展理念，通过建设线上数字图书馆，加快数字化与智能化建设，为读者提供快速、便捷、高效、轻松的在线实时阅读服务。

仪陇县图书馆通过采购数字信息资源、自建数据库等形式，搭建了移动图书馆、云阅读平台、新语听书馆等优质数字资源，与超星、联图等资源进行整合共享，上线了超星阅读、联图就业培训资源库等数字信息资源；探索了如何借助大数据和云平台优势，打造"淘文化"服务平台，促进馆藏数字信息资源实现"互联网＋"，搭建充满数字信息时代气息的智慧服务云平台，为读者提供更多的文化服务体验。

（二）完善数字资源服务体系，提升数字资源服务水平

仪陇县图书馆作为地方公共图书馆，承担着保存城市记忆、城市文化遗产，弘扬优秀民族文化、传播先进科学知识的重大社会责任。而建设数字资源服务体系、搭建数字资源共享网络平台是公共图书馆保存和利用馆藏文献，推进特色资源数字化建设的重要途径。

仪陇县图书馆建筑面积 3000 平方米，藏书 10 多万册，包括特色文献、珍贵古籍和珍藏手稿，是国家二级图书馆。近年来，仪陇县图书馆致力于服务模

式、服务理念、服务结构、服务组织和服务重点的创新，实现了由传统的购书、藏书、借书、还书模式向网络化、智慧化、平台化服务模式的转变。仪陇县图书馆积极履行文化传承使命，以彰显地方特色和时代特色为理念，以共建共享为手段，建设了具有较高文化价值和历史价值的朱德文献数据库、张思德文献数据库等多项特色数字资源，实现了地域文化的数字资源转化。这些举措不仅可保护和弘扬地方特色文化，而且可以优化资源配置，促进区域经济文化发展。

（三）拓宽数字资源服务范围，提高数字资源服务效能

仪陇县图书馆经过长期探索，不断创新服务思维，拓宽服务路径，组织开展种类丰富、特色突出的阅读推广活动，如读书活动、公开课等，为读者提供智慧立体的数字资源阅读服务，有效扩大了服务范围，实现了从被动服务、静态服务、单一服务向主动服务、动态服务、综合服务的全面升级。

在提升读者体验方面，仪陇县图书馆为读者提供在线阅读、文献下载、好书推荐等服务，拓宽了数字资源体系覆盖领域，形成了不受时间、空间限制的交互式、自助式阅读方式，为读者提供良好的数字化、智能化、智慧化阅读体验。

（四）打通线上线下服务渠道，促进读者参与共享

图书馆的社会价值在于满足读者日益增强的多层次、多样化文化知识需求。从读者现实需求出发，服务读者是图书馆所有工作的核心，是立馆之本。仪陇县图书馆以读者需求为导向，构建了线上线下多渠道的资源采选模式，不仅组织专业的馆员为读者提供荐读清单，而且通过图书馆官网、微信、抖音等新媒体收集读者需求，采取读者需求主导的采购方式，为读者提供更精准的服务。同时，仪陇县图书馆高度重视图书馆总分馆建设，开设主题特色分馆，稳步推进图书馆服务体系化、便捷化。截至目前，仪陇县图书馆已完成20个分馆建设，有序开展线上线下系列读书活动，打造"书润德乡·全民阅读"文化服务品牌，为推广全民阅读起到了积极作用。

二、仪陇县图书馆在数字化资源服务方面存在的不足

（一）优秀专业人才缺乏

人才是数字资源建设与服务的重要因素，馆员专业素质和队伍的人才结构

是决定数字资源建设与服务效果的关键。仪陇县图书馆由于编制限制，内部人才储备能力弱，稀缺专业人才更是少有。

（二）数据孤岛仍然存在

在图书馆数字化资源服务发展方面，由于各地区图书馆都在建设各自领域的数字化资源服务系统，但"各自为政""烟囱林立"现象普遍，因此仪陇县图书馆"数据孤岛"仍然存在，相关数据资源还未真正实现完全共享、完全开放。

（三）建设发展资金缺乏

由于公共图书馆以往的服务模式和新时期的服务模式存在较大的差异性，在实际提供数字资源服务的过程中，公共图书馆要耗费大量的资金和人力资源。建设发展资金是加快图书馆数字化资源服务建设的重要支撑，受研究经费及技术改造费用制约，仪陇县图书馆数字化建设起步较晚，基础设施建设相对滞后，虽然有些数字化资源服务建设项目得以实施，但更多的项目缺少启动资金和金融扶持，仍处于设计调研论证阶段，推进比较缓慢。

三、对仪陇县图书馆数字化资源一体化服务的构建策略建议

（一）应用新型信息化技术，推动数字资源服务升级

智慧图书馆环境下，5G 与智慧物联网、云端存储计算、大规模数据集应用、人工智能和 RFID 等现代化技术相结合，为数字化资源建设与服务提供技术支持，可整合、挖掘各类优秀数字资源，打破传统的馆藏数字资源的传播和阅读方式。

搭建图书馆数据平台，通过可视化的数据清洗、数据归类、数据治理、数据关联与集成等全域数据处理，借助云门户平台打造资源池，提供 SAAS 级资源云发布和服务，实现线上线下多源异构数据整合与融合，完成图书馆数字资源立体化服务的转型升级，构建"一站、一网、一库、一端"信息共享服务平台。5G 网络高速率、低延时、高可靠性的特点有利于资源传输，能为读者提供更加智能化、智慧化、个性化的服务。目前，仪陇图书馆的门禁识别、图书借阅系统已经较为成熟，下一步可以选择一些应用进行试点，如图书流动车、文化大篷车等，实现 24 小时自助服务、流动服务，让读者服务不受时间

限制；同时，借阅柜的数据对接数据平台，采集读者标签数据、个体行为数据，分析其阅读习惯、阅读兴趣、阅读需求变化以及潜在的阅读需求，进而生成用户兴趣推荐模型，为读者提供精准推荐服务。

（二）深度融合新媒体资源，加强数字资源推广活动

随着融媒体时代的到来，传统媒体受到了巨大的冲击，资源整合与竞争融合已经成为发展的必然趋势。媒体融合时代的到来给数字资源服务带来了新的方向，在媒体融合技术广泛应用的背景下，图书馆现有的丰富数字资源如何同时被读者广泛使用，是值得探讨的问题。

为走好数字资源的特色发展之路，图书馆需要结合自身的特点和发展方向，采取与之相匹配的资源方案，形成自身的特色，才能不断提升服务，增强用户认可度、读者满意度。目前，仪陇县图书馆数字资源的展现形式还较为单一，相关服务还有待适应市场需求。借助新媒体，可以充分利用多种类型的数字资源，多形式、广角度、多渠道地向读者展示资源，让读者感知中国传统文化的魅力。比如，可以开通抖音号，利用其庞大的用户群，进行一些主题短视频展映，结合热点事件吸引更多的读者关注和了解仪陇县图书馆。

（三）搭建读者互动平台，提高数字资源服务效能

智慧图书馆数字化资源体系建设的最终目的是为用户提供数字化、智能化、智慧化服务，一切都应以读者需求为导向，以读者现实需求为源动力，以读者智慧化服务诉求为内动力，以数字化服务与数字化资源的整合为助动力，坚持"以读者为本"的原则，鼓励读者参与，积极构建交流和沟通的渠道，搭建用户反馈和评价机制，充分体现服务特色和个人特点，提高服务效能。

基于数据平台，可以建立覆盖全域的资源评价体系，加强与互联网机构的合作，引入自带流量的第三方资源评价数据，建立开放共享的资源评价渠道，实现与第三方机构资源评价体系的数据共享；搭建读者和图书馆之间信息交流的渠道，加强彼此间交流，提高读者活跃度，增强用户黏性，有效提升图书馆的服务质量和水平。

（四）提高馆员素养，建好专业团队

无论图书馆位于何处，其硬件设备和图书管理方式如何，影响图书馆服务的关键因素都是馆员的专业素养。智慧图书馆环境下，要构建数字资源服务，馆员除了要熟悉所有高科技设备和系统的使用方法，向读者提供需要的文献资

源外，还要利用知识挖掘技术，为资源采购提供科学合理的分析、预测报告，指导馆藏资源的采集工作，以及根据读者需求特征，开展具有针对性的互动活动，提供书目推荐、学科咨询、阅读内容指导等更深层次的服务，这就对馆员的知识储备、技术应用能力、自我提升能力等提出了新的要求。馆员作为图书馆的智力队伍，应与时俱进，不断学习新的服务模式，挖掘信息资源，感知用户需求，提升服务质量，丰富读者的使用体验，多措并举推动图书馆事业的稳步发展、科学发展、快速发展。

（五）加强与社会资源的合作，构建双赢服务模式

公共图书馆空间资源有限，缺乏足够的收益获取渠道，在文献资源采购、数据库资源维护、软件升级等方面往往比较受限。应推进馆际合作，互通互联，充分发挥区域联动共建作用，搭建共享平台，可快速丰富馆藏资源，减少重复建设和资源浪费，推动数字化资源发挥更高的作用和价值。同时，鼓励公共图书馆与社会力量合作，共建公共文化服务体系，合理开发、开放数据，打通用户体系数据，实现资源的统一管理，与社会共建共享资源，提升数据价值，实现参与主体的多方共赢。

结语

图书馆作为公共文化服务机构，对推动全民阅读具有至关重要的作用。目前，智慧图书馆建设还处于初期阶段，虽然面临着困难和挑战，但也面临着巨大的发展机遇。仪陇县图书馆在为读者提供数字信息服务的过程中，将由以实物馆藏资源为主的服务模式向数字化馆藏资源为主转变，坚持用户需求为导向，以先进信息技术为主导，进一步打造专业化、特色化、多维化的数字资源优质服务，真正助力公共数字文化服务体系高质量建设。

参考文献：

[1] 栾兆红. 新时期公共图书馆数字资源服务模式探讨 [J]. 兰台内外，2019
    （22）：41-42.

[2] 瑞霞，叶芷婷. 媒体融合背景下数字图书馆资源建设策略分析 [J]. 江苏
    科技信息，2021，38（15）：16-18.

[3] 童忠勇. 公共图书馆数字资源智慧化服务模式探索——以国家图书馆读者
    云门户网站为例 [J]. 图书馆理论与实践，2022（1）：80-83，98.

作者简介：

　　刘晓莉，女，汉族，仪陇县图书馆馆长，图书资料馆员。

　　刘军，男，汉族，南充市图书馆副馆长，图书资料研究馆员。

图书馆信息安全管理策略

刘雅丽

（南充市图书馆　四川南充　637000）

摘　要：随着互联网信息技术的突飞猛进，图书馆网络化、数字化的进程也随之加速。在为读者提供现代化、智能化信息服务的同时，图书馆也面临着信息安全方面的巨大挑战。本文阐释了图书馆信息安全工作的必要性，介绍并分析了当前先进的信息安全防范技术，提出了一系列有助于公共图书馆安全有效运行的信息安全防范措施，以期为读者提供更加安全的信息环境。

关键词：图书馆；信息安全；网络安全；安全防范技术

21世纪，全球进入了信息爆炸的时代，信息技术渗透到各行各业。图书馆作为文化资源的中心，从19世纪末开始，已经在信息化的道路上不断探索前进。从早期的建设电子阅览室，发展各种数字馆藏，到移动互联网全覆盖，各种智能设备的投入使用，再到结合云计算、大数据、物联网等技术，实现图书管理智能化、信息服务个性化。技术的革新为图书馆的服务带来了前所未有的发展空间，为读者的知识获取带来了崭新的体验，对社会主义精神文明建设起到了积极的促进作用。

然而，随着馆藏数据信息的不断增加、各种智能设备的不断投入、网络结构的不断复杂以及整个社会的网络安全形势越来越严峻，图书馆信息安全问题应运而生。因此，做好信息安全管理也成为图书馆的工作重心之一。

一、信息安全防范的必要性

（一）信息安全是国家发展的战略支撑

自党的十八大以来，中央政府对信息安全越来越重视，已然上升到了国家战略的高度，相继出台了《关于加强网络信息保护的决定》《中华人民共和国网络安全法》《中华人民共和国数据安全法》等重要法律，以及多项行政法规、司法解释、地方性法规和地方性规章，以保障国家在现代化的进程中能安全有效地利用好信息技术这一把双刃剑。

（二）信息安全是现代化图书馆持续稳定发展的重要保障

通过对现代图书馆的发展实际情况调查，可以了解到图书馆在信息化的道路中积累了海量的数字资源，组建了一定规模的智能化设备，开发了功能强大的应用平台，拥有了一批忠实的读者以及与读者相关的用户信息、行为习惯等重要信息。这些都是现代化图书馆的重要财产和敏感信息的主要组成部分。那么图书馆应该怎样保障这些设施设备、应用平台以及重要数据的安全有效运行呢？答案只有信息安全。没有信息安全，图书馆的数字化服务将危如累卵，再先进的设备、再强大的系统都是一触即溃。图书馆需要超强的安全防范意识、先进的安全管理技术、完备的安全管理手段，来为图书馆的服务以及享受服务的读者筑起一座安全堡垒。只有将信息技术与信息安全防范技术紧密结合在一起，才能保障现代化图书馆的持续稳定发展，从而推进图书馆事业更上一层台阶。

二、主要的信息安全防范技术

本文所指的信息安全是广义上的信息系统的安全，是指信息系统不受偶然的或者恶意的原因而遭到破坏、更改、泄露，系统连续可靠正常地运行，信息服务不中断，最终实现业务连续性。目前主要的信息安全防范技术有以下几种。

（一）访问控制技术

访问控制技术是信息安全防范的核心技术之一。访问控制技术需要对用户身份进行识别，通过入网访问控制、目录安全控制等各种途径，对不同身份的用户赋予不同的访问和操作权限，实现对不同身份用户的限制访问，以防止非法用户的恶意破坏或合法用户的无意损坏。例如，对系统管理员用户，可以设置读、写、修改、删除权限，而其他用户的权限则需要谨慎给予，大多数用户都不要给予完全控制权限。

（二）防火墙技术

防火墙技术是建立在网络技术和信息安全技术基础上的应用型安全技术，可以说所有的企业内部网络与外部网络相连接的边界处都会放置防火墙，防火墙能够起到安全过滤和安全隔离外网攻击、入侵等有害的网络安全信息和行为。通俗地说，防火墙就像是单位的门卫，通过经验（防火墙安全策略）对出入人员（数据）进行检测，做出允许、拒绝、监测数据进出内外网的判定。防火墙具有较强的抗攻击能力，能在很大程度上抵制对内部网络构成威胁的数据。需要注意的是，防火墙的部署不是一劳永逸的，不仅需要动态跟踪、维护和调整策略，还需要根据厂家的行为对防火墙进行更新、升级等。防火墙的部署位置请参考图1。

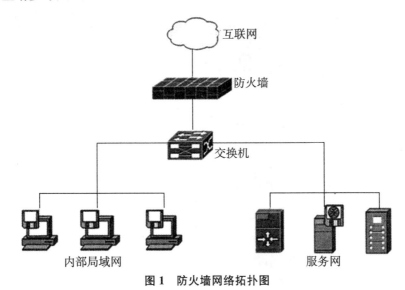

图1　防火墙网络拓扑图

（三）入侵检测与入侵防御

上文提到的防火墙就像门卫，只对出入口的数据进行甄别，而对于网络内部的威胁无能为力。这就需要用到入侵检测系统（IDS）和入侵防御系统（IPS）。入侵检测系统主要功能是检测内部的威胁，一旦发现威胁，将立即发出警报。但随着网络攻击的不断升级，除了IDS，还可以部署IPS，它可以实施深层防御安全策略，即可以在应用层检测出攻击并予以阻断，这是防火墙做不到的，当然也是入侵检测系统IDS做不到的。

IDS通常部署在服务器区域的交换机上、重点保护网段的局域网交换机上以及其他关键位置，也可部署在防火墙外。IDS 网络拓扑图见图 2。

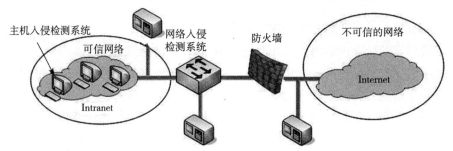

图 2　IDS 网络拓扑图

IPS 入侵防御系统应部署于防火墙和网络设备之间，见图 3。

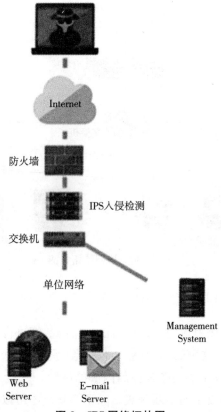

图 3　IPS 网络拓扑图

入侵检测系统（IDS）和入侵防御系统（IPS）配合，可以将监控、警报与防御、阻断有效结合，提高整体安全管理水平。

（四）认证技术

认证技术也称身份认证技术，是通过口令、数字认证、生物认证等方式确认用户身份是否合法的一项技术。对于身份合法用户，系统赋予其相应操作权限，并记录该用户的所有行为，以方便核查和审计。

（五）审计和监控技术

安全审计是对认证和访问控制的有效补充，安全审计对用户的操作进行记录和检查，对于责任追查和数据恢复十分重要。审计通过分析日志记录，及时发现蓄意绕开安全机制的异常行为，然后报告和拦截该行为，同时做好日志记录，为日后的数据恢复提供参考。

监控技术主要包括主机监测和网络监测，通过对信息网络中的数据或应用内容进行检测并适度监管和控制，避免网络流量的滥用，防止垃圾信息和有害信息的传播。

（六）病毒防范技术

任何信息系统都需要一套专业的防病毒软件进行全面监控和防护。对于日常的病毒防护，需要做到：一是定期进行全盘查杀，对于新接入的设备和新下载的文件，需要及时查杀；二是定期修复漏洞（很多杀毒软件都能直接提供漏洞补丁文件的下载和安装），关闭不常用的系统服务或端口，卸载冗余软件和插件，设置强口令登录；三是养成好的使用习惯，例如，不浏览恶意网站或不健康网站，不打开来路不明的邮件等，一旦发现受感染主机，须迅速将其隔离，阻止病毒传播。

（七）数据加密技术

信息数据是图书馆资源财产的一部分，而且其中包含的用户信息部分具有隐私性、敏感性等特征。数据加密技术可以很好地保护这些信息，也能保障信息在利用过程中不被窃取、泄露、破坏和恶意利用。

简单地说，数据加密技术把信息（明文）通过加密技术转换成密文，接收方再通过对应的解密技术把收到的密文转换成原本的信息（明文）。数据加密可以分为两种途径：一种是通过硬件实现数据加密，另一种是通过软件实现数据加密。通常所说的数据加密是指通过软件对数据进行加密。通过硬件实现网络数据加密的方法有三种：链路层加密、节点加密和端对端加密。常用软件加密算法分为对称加密（如 DES、3DES、AES 算法）和非对称加密（如 RSA、DSA、ECC 算法）。

三、图书馆信息安全防范的有效措施

安全不是单纯的技术问题，需要将管理、技术和制度等相结合。从图书馆实际情况出发，再结合上文提到的几项主要技术，笔者提出以下几方面的图书馆信息安全防范措施。

（一）提高安全防范意识

首先，对于信息安全的重要性要有深刻认识。近些年，信息安全已经成为影响国家安全发展的一个重要因素，中央已经把信息安全上升为重点发展项目，各级政府也提高了信息安全防范意识，加强了防范力度。图书馆理应响应国家战略，把信息安全工作作为图书馆的工作重点，从图书馆领导到员工都务必将信息安全工作落到实处。

其次，要制定一系列的信息安全管理制度和应急处理预案，摒弃落后的安全管理理念，树立正确的、符合时代要求的安全观。一是成立信息安全管理机构，确立安全岗位，落实岗位职责；二是制定信息安全方针政策，为本馆信息安全管理工作提供指引与支持，为信息安全管理实践提供清晰的策略方向；三是规范系统建设管理，确定代码开发规范、信息产品采购管理办法、信息系统开发维护管理办法、第三方服务商管理办法等，保障信息系统在开发、采购、使用、维护环节中的安全；四是制定一系列系统运行维护管理制度，如机房安全管理细则、网络安全策略、数据备份管理规定、防病毒管理策略、信息安全事件管理办法、信息安全应急管理办法等；五是制定人员安全管理措施，对不同人员根据工作需要赋予不同的权限，以降低安全风险，对员工进行培训与考核，使员工提高安全意识，加强对安全知识与安全技能的学习。

最后，根据《中华人民共和国网络安全法》，将图书馆的重要信息系统向当地市级以上公安机关申请等级保护，完善信息安全等级保护建设，聘请专业的测评机构定期对建设情况进行检测（三级系统每年一次测评，二级系统两年一次测评），督促图书馆的信息安全工作更加完善。

（二）进一步加强安全建设

其一，加强信息安全相关基础设施设备的建设。硬件方面包括：网络安全设备的建设（如防火墙、IDS、IPS等）、主机安全建设、存储建设、监控系统建设，也可以采用云服务器、云存储等技术。软件方面包括：系统安全、应用安全、数据安全等的建设投入，可以组建身份认证系统、数据加密系统、攻击预警平台、审计与风险控制系统等。

其二，加强技术力量的投入。图书馆一定要引进专业的信息安全技术人员，注重对员工进行专业技术的培训。如果技术力量仍然薄弱，还可以向社会聘请专家或购买技术服务。

其三，必须严谨工作态度。对待图书馆的信息安全工作必须严格认真和坚持不懈。定期做好系统的漏洞修复、病毒查杀、防火墙加固、主机安全防御、重要数据备份等日常工作。并根据实际情况，做好信息安全管理申请、审批、记录等工作。对于突发的安全事件，要立即响应，上报领导，迅速处理。

（三）做好图书馆内部监督管理工作

信息安全工作三分靠技术，七分靠管理。只有安全意识、硬件设施和技术力量是远远不够的，内部监督管理才是保证安全工作落实到位的关键。图书馆需成立信息安全工作小组，充分发挥领导机制，切实调动工作人员积极性。制定岗位职责，明确工作内容，树立监督理念，完善监督措施。合理分工，加强协作，提高工作效率，这样才能把图书馆的资料信息安全工作做到尽善尽美。

（四）提高信息安全管理人才队伍整体质量

信息技术是活跃于时代前端的一项技术，信息安全是极具技术性、专业性的工作。因此，图书馆必须注重对专业人才的引进和培养。随着时代不断地发展，图书馆除了引进人才，还应建立健全激励机制，鼓励员工不断学习、不断提升专业水平。图书馆还应为员工提供培训与交流的平台，开阔视野，发展创新。另外，应成立信息安全工作小组，划分责任，明确职责，分工协作，这样才能让图书馆的信息安全工作得以顺利实施。所以，图书馆要重视信息安全管理人才队伍的培养，强化人才建设工作，树立安全意识，制定安全管理制度，将安全与管理结合，使信息技术在图书馆的服务工作中真正意义地发挥其优势，让图书馆的服务在充满现代感、时代感的同时，更具安全感。

参考文献：

[1] 陈嘉慧. 国外高校图书馆信息共享空间信息安全政策研究 [J]. 情报探索，2016（3）：76−81.

［2］秦智. 网络系统集成［M］. 西安：西安电子科技大学出版社，2017.

［3］梅光. IDS 与 IPS 技术浅析［J］. 计算机光盘软件与应用，2012（11）：75－75，77.

［4］陆讷. 浅谈网络信息安全问题及防范措施［J］. 硅谷，2010（22）：195，160.

［5］张帆.“互联网＋”背景下网络安全及防御技术探究［J］. 数字通信世界，2021（1）：135－136.

作者简介：

刘雅丽，女，汉族，南充市图书馆信息技术部主任，图书资料副研究馆员。

试论公共图书馆的智慧化建设与服务

唐　熹

（南充市高坪区图书馆　四川南充　637100）

摘　要：现代公共文化服务体系的逐步完善使得读者的基本文化权益得到保障，接下来读者的需求会逐步向文化服务的品质提升转变。图书馆作为现代公共文化服务体系中最核心的部分，应当始终以引领整个体系的创新发展为己任。图书馆的智慧化、智能化建设恰好能够有效地将阅读服务更丰富多样化，将阅读体验更新颖灵活化，是能够切实解决图书馆拥有海量资源却无法真正吸引读者的问题的重要举措，也是能够将图书馆的文化服务品质提升到较高层次的有力手段。

关键词：公共图书馆；智慧化；公共文化服务

公共文化服务是现代政府的重要职能之一。新时代的发展为各行各业创造了前所未有的机遇，更先进的意识和更创新的理念在为行业注入新的发展动力的同时，也给人们的生活带来了前所未有的极致体验。服务与科技的融合提升了人们的生活品质，也培养了人们新的生活习惯，更智慧、更便捷的生活方式已经成为年轻一代的基本诉求。在这一背景下，不少行业都在围绕"智慧服务"这一理念进行新形态的发展建设，政府主导的各项公共服务也正逐渐向这一方向靠拢。"智慧交通""智慧安保""智慧医疗""智慧城市"等一系列智慧建设理念如雨后春笋般涌现。公共图书馆作为现代公共文化服务体系中的核心机构，更应该在发展建设理念上积极探索、不断创新，规划属于自己的智慧化建设方向。建设满足新时代要求的智慧型图书馆不仅是读者的殷切期待，更是社会发展的必然要求。

一、发展趋势

在移动互联的大趋势下，信息技术飞速发展，国家对公共图书馆的服务也越来越重视，图书馆事业的发展相应地呈现出以下趋势。

（一）图书馆服务泛在化

图书馆服务的泛在化体现为服务无所不在，其显著特征是：用户在哪里，图书馆的服务就在哪里，用户无论在何时何地都可以获得图书馆的服务，甚至在用户意识到之前，就已经利用到了图书馆的资源或者得到了图书馆馆员的帮助。服务创新是图书馆改革和发展的持续动力，是图书馆创新的外化表现，是图书馆创新的落脚点。

（二）图书馆工作网络化

图书馆工作网络化是指图书馆所有资源都可以通过网络来提供，图书馆所有服务都可以通过网络来获取，网络环境是全天候的，因此图书馆的服务也是不间断的。简言之，未来图书馆的服务都可以在网上进行。信息化时代，在通信技术、互联网技术的支持下，社会信息距离实现了零障碍，人、流程、数据、事物等结合在一起，网络连接变得更为紧密，也更有价值。

（三）图书馆资源数据化

随着数字技术的发展，所有的资源都可以有数字化版本，都是某种格式的"数据"，可由图书馆系统进行统一管理。在具备条件的前提下，图书馆可依托数据库信息资源、智能终端技术，以应用软件为手段，利用数据库信息资源，整合信息发布、服务咨询和资源利用，最大限度地满足读者的个性化服务需求。

（四）图书馆功能智慧化

"智慧图书馆"的核心要素是"书书相连""书人相连""人人相连"。智能图书馆与传统图书馆的根本区别就在于它的个性化服务和智能交互能力。

（五）图书馆阅读移动化

当前人们的信息获取和阅读方式呈现出多渠道、移动化、社交化的特点，数字阅读正在逐渐融入大众生活，满足了任何用户在任何时间、任何地点以任何方式获取任何内容的阅读需求，移动阅读成为未来图书馆阅读的主要形式。

二、建设必要性

推动智慧化业务发展，对推进公共文化服务体系建设、全民阅读推广意义重大。目前，与城市经济社会的快速发展和市民文化需求的急剧增长相比，公共文化服务发展还相对滞后。解决"僵尸"类图书阅览室、服务时间、态度等问题，需要新模式的自助图书馆的建设。24小时自助借阅服务体系以城市街区自助图书馆与移动数字化图书馆的建设为主，符合公共图书馆智慧城市建设战略。高智能化的图书馆管理模式将逐步取代传统图书馆，并大大减少人力运营成本，节约政府资金。

三、建设意义

24小时自助借阅服务体系是现有公共文化服务体系的一种延伸与创新，旨在进一步提升区域文化软实力，使公共文化中具有代表性的"图书馆服务"实现由点变面，由图书馆单一服务向社区、街道、社会共同提供服务，由有限时间服务变为无限时间服务等一系列转变，为居民提供就近、自助、便捷的公共文化服务，从而解决阅读"最后一公里"的问题，加强"大民生"建设工作，它以政府建设为主，以企业技术支持为辅。在为居民提供免费的公益性文化服务的同时为居民提供的是365天、24小时的全天候自助办证、自助借书、自助还书、数字资源阅览及下载等服务，使广大居民可以更加方便地享受阅读的快乐。

四、建设目标

（一）智能化和及时化

实现自助图书馆全方位智能化监控与管理，包括安全监控、环境监控、人员监控等，出现问题能够及时发出警报通知管理人员；建立图书大数据库，实现图书借、还、流通调配等各环节的全自动化智能管理；实现设备出现异常时远程报警，发现设备潜在的问题以及及时通知管理人员进行紧急问题的处理。

（二）多元化和社会化

实现图书馆与社会的优势互补，推动公共文化服务供给主体多元化和社会化。建立"政府主导、社会参与、机制灵活、政策激励"的公共文化服务供给模式，提高图书馆资源向社会的开放度。

五、设计原则

（一）集中与分布原则

把海量存储设备和高性能计算机安放在各公共图书馆，城市街区自助图书馆与移动数字化图书馆只保留基本的运行设备，这样既可减轻 24 小时自助借阅服务体系的运行成本，又可增强设备处理性能。在资源的存放方面，基本的数据保留在城市街区自助图书馆与移动数字化图书馆内，文献与书目数据库在各公共图书馆存储，并统一界面服务。

（二）标准化原则

资源与服务要建立在一系列的标准和规范的基础上。24 小时自助借阅服务体系的各个模块和各个层次应遵循数字化加工、资源描述、资源组织、资源系统管理和资源检索与服务等方面的国家标准以及其他相关标准，在此基础上还要遵循国内外共同遵守的内容编码、数据通信、信息安全等方面的标准，以保证资源与服务的可使用性、互操作性和可持续性。

（三）开放服务原则

24 小时自助借阅服务体系建设本着向全体市民开放的原则，改变过去的读者到馆注册模式，使读者只要通过就近设备就可以注册为图书馆的正式读者。

（四）传统服务与延伸服务相融合的原则

24 小时自助借阅服务体系建设并不需要建设一套全新的服务或者资源，更重要的是利用信息化技术来提升已有的服务和资源优势，传统服务和延伸服务的结合是非常重要的。

（五）实用性原则

一个 24 小时自助借阅服务体系运作成功与否，主要通过软件系统和资源建设来体现，要避免轻软重硬的思想，同时要把一批资源以数字化的形式组织起来，在系统运行之日就把丰富多彩的内容呈现给广大读者。此外，云计算技术、智能分析技术能够实现海量数据的处理，以支持相关决策。

六、结语

公共图书馆通过智慧化、智能化建设，采用物联网＋互联网技术，提升图书馆的服务模式、服务范围，让读者通过更生动真实的环境和高科技的技术结合，提升阅读的趣味性、感知性、多样性，使读者更能感受文化和知识的奥秘。图书馆的主要服务对象为读者，因而进行图书馆的智慧建设要坚持以读者为核心，以读者需求为导向，以读者满意为目标，充分发挥图书馆的资源优势，使之与新兴的现代科技手段相结合，努力打造一个读者喜爱的智慧图书馆。

参考文献：

[1] 齐勇锋，李平凡. 完善公共文化服务体系提高国家文化软实力 [J]. 中国特色社会主义研究，2012（1）：64-72.

[2] 王丽萍. 新环境下图书馆创新驱动力探索 [J]. 图书情报工作，2014（19）：39-44.

[3] 周波. 基于云计算的图书馆服务模式研究 [J]. 现代情报，2010（10）：44-47.

[4] 卢涛，雷雪. 网络信息服务质量评价及其实证研究 [J]. 图书情报知识，2008（1）：37-42.

[5] 宋刚，邬伦. 创新 2.0 视野下的智慧城市 [J]. 北京邮电大学学报（社会科学版），2012（4）：5-12.

作者简介：
唐熹，男，汉族，高坪区图书馆副馆长，图书资料馆员。

浅析公共图书馆短视频平台运营模式构建

周海帮

（南充市图书馆　四川南充　637000）

摘　要： 在移动网络飞速发展的当下，短视频日渐成为人们碎片化获取信息的新路径。为满足读者日益增长的阅读需求，公共图书馆纷纷入驻短视频平台，然而其在运营水平上参差不齐，缺乏系统性运营模式。本文就公共图书馆短视频平台运营模式构建的要素以及构建框架进行分析，希望给公共图书馆工作者以参考，进而促进公共图书馆事业的长效发展。

关键词： 短视频；公共图书馆；阅读推广；短视频运营

一、引言

第50次《中国互联网络发展状况统计报告》显示，截至2022年6月，我国网民规模为10.51亿，互联网普及率达74.4%。其中，短视频用户规模达9.62亿，较2021年12月增长2805万。随着5G时代的到来，短视频将是移动互联网时代新的信息传播媒介。短视频行业适应了读者移动化的媒介阅读习惯，也改变着新一代年轻人的信息获取方法和文献阅读方式。作为承担阅读推广主要任务的公共图书馆，跨界将图书馆服务职能与短视频融合已成为必然。

融合短视频的公共图书馆服务，不仅有利于图书馆形象塑造，而且能加速图书馆的数字化进程，提升服务效能。在这种情形下，做好短视频平台运营，可以吸引读者把社交媒体作为新的阅读和信息获取方式，让读者更容易接受并利用图书馆资源。同时，短视频在传播内容方面具有极佳的平台优势，公共图书馆利用短视频平台来运营，能顺应读者的生活阅读需求，提升图书馆服务品质。

二、公共图书馆短视频运营现状

以短视频平台用户活跃数较高的"抖音"为例，以"图书馆"为关键字搜索用户，可以看见虽然入驻抖音的官方认证公共图书馆较多，但是粉丝量整体不高，反而是与图书馆相关的个别个人账号粉丝量比较高，这说明公共图书馆的短视频平台运营还处于起步阶段。这里我们就两个公共图书馆抖音号运营模式进行分析。一个是粉丝量较多的"浙江图书馆"抖音号，粉丝 26.3 万，发布作品 198 个，获赞数 338.9 万；另一个是"国家图书馆"抖音号，粉丝 12 万，发布作品 158 个，获赞数 11.1 万（截至 2022 年 12 月）。从机构大小上看，国家图书馆明显强于浙江省图书馆，但是在粉丝量上，浙江图书馆却占优势。从内容上对比，浙江图书馆整齐的文字加卡通图的方式更有利于读者轻松阅读，获取信息；国家图书馆发布的作品虽然内容丰富，质量非常高，其中还有明星担任好书推荐官，但是个别视频点赞量却只有寥寥几十，整体流量偏低。

从以上对比可以看出，粉丝量的多少与机构的大小无绝对关系，与发布作品数量也无绝对关系，在短视频平台这样一个流量去中心化、以算法为核心的流量池中，作品的完播率、点赞量、评论量、转发量决定了作品的曝光率，也决定了该短视频平台的圈粉量。目前公共图书馆短视频平台的运营模式有待改变，运营技巧有待提升。由此可知，良好的运营模式和运营技巧是实现公共图书馆短视频平台迅速圈粉，发挥阅读推广价值的重要保障，也是公共图书馆短视频平台服务效能和社会影响力的重要支撑。本文将对公共图书馆短视频运营的构成要素以及运营框架结构进行分析，希望给公共图书馆工作者以参考和启迪，进而促进公共图书馆事业的长效发展。

三、公共图书馆短视频运营构成要素

公共图书馆在自媒体时代的短视频平台运营，重点就是如何创新其发展模式。目前公共图书馆在短视频平台的运营存在运营思维固化、运营团队缺失、服务团队分散、对短视频平台应用重视程度不足这四个方面的问题。运营模式构建的前提就是实现运营中心、运营对象、运营方法、运营内容四类构成要素的整合与统一。

（一）运营中心

自媒体环境下的公共图书馆短视频平台的运营中心是公共图书馆。公共图书馆是短视频信息发布的生产方、组织方，也是重要的管理者。要运营好短视频平台，需要技术、资源、资金、人员等共同保障平台建设，它要求图书馆馆员能发挥高水平的专业技能，将图书馆多元消息进行不同层次的组合与加工，以适应短视频公众需求，创作出优秀的短视频；团结图书馆各类岗位的专业人员，组成运营团队，负责运营管理、素材制作、用户信息收集、平台管理、技术维护等各类工作，实现短视频平台高效率及常态化运营。

（二）运营对象

公共图书馆的运营对象主要为公众。公共图书馆重要信息、活动的发布、传递都以公众为主要运营对象，目的是通过内容生产发挥公共图书馆的重要作用。不同读者对图书馆短视频平台运营内容需求也存在差异，所以在进行短视频平台运营时，要以定性及定量分析的方式将读者群体划分成多个类型，分析不同读者群的需求偏好，同时通过读者管理，对收集到的不同类型读者信息进行分析，实现运营行为与读者需求相匹配。

（三）运营方法

公共图书馆短视频平台的运营方法，就是充分利用各类型短视频平台的特性和功能，通过需求分析、平台规则分析，让信息内容以更生动、贴切的方式去吸引读者，并通过建立短视频平台将公共图书馆各类资源系统地组织起来。

（四）运营内容

对于公共图书馆来说，短视频平台运营内容的核心是实现多层次信息内容的加工，提升内容价值。在数字化进程中公共图书馆的本质并没有改变，始终是以资源服务为中心。在短视频背景下，公共图书馆的发展方向就在于实现读者群体范围、对象、类型的扩大，并结合短视频平台，通过信息要素的整合，让读者更轻松地获取信息。短视频平台运营，需定期创建具有周期性、主题性、知识性的信息内容，让图书馆短视频平台运营内容形成独具特色的资源推广形式，实现短视频平台与读者紧密关联，这是提高公共图书馆社会影响力的重要方式。

四、公共图书馆短视频运营框架

本文的研究出发点是以读者需求为导向，通过公共图书馆线上线下资源整合，在运营四要素的指导下，构建具有普适性框架的公共图书馆短视频平台运营模式，通过运营主体定位、读者需求分析、资源建设形式等加深短视频平台运营内容的深度，提高更新频率，并在此基础上收集短视频平台数据，通过数据浏览量、点赞量判断读者偏好，反馈给运营人员，改变运营方式。公共图书馆短视频平台运营模式框架分为四个层次。通过这四个层次，将短视频平台运营角色的功能和工作环节串联起来，实现短视频运营工作不同领域的协同运作和内外部的结合。

（一）目标层

目标层一般分为以下四个阶段。第一阶段，短视频平台知晓期。输出大量与公共图书馆调性一致的内容，让读者知道公共图书馆短视频平台上线了。第二阶段，读者感知期。通过精心打造的内容视频、话题、活动，让读者更直观地了解公共图书馆短视频平台的价值与服务，并有意愿进行点赞、关注。第三阶段，短视频平台扩张期。通过 3~6 个月的发酵，利用有价值内容发布获得了一批目标读者，为促进粉丝稳定发展，可以制定一些推广措施和奖励办法，用以进一步促进粉丝群壮大和平台扩张。第四阶段，短视频平台升级期。通过深度内容及多元形式，向读者展示公共图书馆短视频平台丰富的内容，增加读者与平台的黏性。

（二）支撑层

支撑层是公共图书馆开展短视频平台运营的核心。短视频团队在支撑层起到核心作用，该层包括四名主要团队成员。编导：确定视频的方向、编写脚本、统筹整个拍摄计划。摄影：设计分镜头、布光以及把控整个拍摄过程. 剪辑：视频拍完之后，根据剧本要求，进行剪辑、包装，一般短视频时长 2~3分钟，也可以短至 1 分钟左右。运营：收到剪辑完的视频，设计视频头图、标题、简介、推荐位等，分发到各个平台，统计分析视频的数据，对各个平台的视频进行管理，与用户互动。

（三）服务层

服务层是公共图书馆短视频平台运营工作的关键。通过短视频平台运营服务，让更多读者认识到图书馆短视频平台信息内容的价值；通过获取预设读者需求，实现图书馆多元信息内容与读者的互动。读者在该层既是最终用户，又是重要的信息来源主体，更是信息传播的媒介。

（四）评价反馈层

评价反馈层是公共图书馆短视频平台运营模式的评价反馈来源。阅读推广是公共图书馆开展短视频平台运营的最终目的。来自读者的正面评价能让公共图书馆短视频平台明确推广方向，坚持正确的运营模式；负面评价则可以引导公共图书馆短视频平台调整、改善具体的运营行为。对读者评价反馈结果的信息分析，有利于公共图书馆短视频平台工作计划的调整和新的短视频运营工作展开。

五、结语

公共图书馆是社会主义公共文化服务体系的重要组成部分，应当将推动、引导、服务全民阅读作为重要任务。国家鼓励和支持科技在公共图书馆建设、管理和服务中发挥作用，运用现代信息技术和传播技术，提高公共图书馆的服务效能。随着 5G 时代的到来，短视频占据新媒介内容的主要传播已成定局。而目前我国公共图书馆短视频平台建设处于起步阶段，短视频平台运营能力的不断提升势必会提升公共图书馆的社会价值。

参考文献：

[1] 李杨.《公共图书馆法》视野下探究管理与服务的效能提升 [J]. 中国管理信息化，2019（3）：136—138.

作者简介：

周海帮，男，汉族，南充市图书馆信息技术部副主任，图书资料馆员。

云平台服务在县级图书馆总分馆制建设中的应用实践探索

刘　军　刘雅丽

（南充市图书馆　四川南充　637000）

摘　要： 县级图书馆总分馆制建设的云平台化重构了新型的现代公共文化服务模式。本文对云平台的功能、特性、优势、意义等进行了分析，对云平台的定位、设计及推动总分馆制建设升级和优化等方面进行了探讨，以期为总分馆制建设进一步深化和完善提供参考和借鉴。

关键词： 图书馆；云平台；总分馆制建设；公共文化服务

一、引言

21 世纪初，我国图书馆领域率先拉开了探索总分馆制运行的序幕，为构建全方位、高效率、大格局的现代公共文化服务模式开创了新的发展途径。打造图书馆总分馆制运行体系，是加快构建现代公共文化服务体系的根本任务，是全面深化公共文化服务体制改革、深入促进文化事业繁荣发展的必然要求，是弘扬社会主义核心价值观、建设具有中国特色社会主义文化强国的重要保障。

"十二五"规划实施以来，四川省南充市牢固树立"文化先行""文化先导"的发展理念，围绕现代公共文化服务目标，通过大胆改革创新、巧妙"反弹琵琶"，以县级图书馆为中心，全面构建"总馆—分馆—基层公共文化站"总分馆制服务体系，为打造优质的文化服务大环境、实现共享共建目标、提高文化服务水平注入了强劲的动力。但是，与沿海城市、大型城市相比，西部各图书馆仍然存在基础条件较差、经济实力较弱、辐射广度较窄等现实问题，严重制约着公共文化服务的纵深推进和文化事业的飞速发展。

2016 年，文化部、新闻出版广电总局、体育总局等联合出台了《关于推进县级文化馆图书馆总分馆制建设的指导意见》（以下简称《指导意见》），明确提出了加快县级图书馆总分馆建设的实施纲要，为深入推动总分馆制创造性转化、创新性发展指明了方向，标志着我国图书馆总分馆制建设进入了全新的发展阶段。

围绕《指导意见》规划目标，南充市图书馆深入摸排本地区总分馆制运行存在的短板，并结合国内总分馆建设现状的调研，分析发现：县级总分馆制建设普遍存在图书馆人员不足、分馆及基层站点条件较差、人财物互不统属等问题。同时，由于分馆和基层站点条件限制，存在馆舍面积不足、网络不通、使用效率低下、开放时段不合理等掣肘。有的地区甚至无法保证分馆和服务站点的正常开放，严重制约着总分馆制的运行效率和服务效能。

随着移动互联网技术的迅猛发展和日益完善，云计算渐渐为公众所熟知。云计算的宗旨是，以公开的标准和服务为基础，以互联网为中心，提供安全、快速、便捷的数据存储和网络计算服务，让互联网这片"云"成为每一个网民的数据中心和计算中心。伴随着云计算和大数据技术的日益成熟和广泛应用，南充市图书馆紧跟时代发展步伐，将云平台技术引入总分馆制建设体系中，为图书馆事业深化改革和构建具有前瞻性、先进性、时代性的现代化公共服务大格局夯实了基石，为探索出适宜区域特色、展现崛起大城形象的"南充模式"开辟了新的路径。笔者对云平台应用于县级图书馆总分馆制建设的"南充模式"实施过程进行了研究和梳理，以供参考和借鉴。

二、图书馆云平台概述

（一）图书馆云平台概念

图书馆云平台是将云计算和大数据技术引入图书馆的管理、技术和服务中，利用虚拟网络打造"互联网＋图书馆"的服务模式，构建线上线下有机结合，信息和资源共享，管理和服务双赢的现代化、高效率、便捷性的网上图书馆平台和数字资源大服务体系。笔者认为，构筑公共数字文化服务网络、打造云阅读平台、实现图书馆云服务、实行文化资源网上推送服务模式、图书馆数字化、图书馆网络化等皆属于图书馆云平台的归属范畴和运行方式。

（二）云平台主要功能

云平台服务主要具有四大功能：一是解开传统图书馆固定场馆和定时开放

的桎梏，增加图书馆服务的人数容纳量和阅读时间段；二是扩展传播效应和服务效能，将公共文化服务通过云平台形式送到人们的身边，使更多读者"想读就能读"；三是优化碎片式阅读，让人们在碎片时间里，不只有碎片阅读，更有优质文化带来的精神慰藉；四是实现图书信息资源整合和共享，构建线下和线上互通、区域和板块共融、存量和增量并优的云端服务大平台。

（三）云平台特性

1. 高可靠性

与县级图书馆总分馆制"三级"局域网络或计算机内部网络架构相比，图书馆云平台通过数据多副本容错、计算节点同构互换、云数据平台灾难备份、云安全防护等技术和措施来保障平台的高可靠性。

2. 兼容性

完善的云平台支撑体系可以构造多种应用模式，可以保障不同的应用程序同时运行和服务。云平台的兼容性使不同的服务对象都能顺畅地进入系统平台，让用户可自由实现平台端口的转换。

3. 高扩展性

云平台应用于图书馆总分馆制建设，能推动公共文化服务动态延伸和高效扩展，能有效解决因地形复杂、受众文化层次差别较大、需求多样、网络覆盖限制等诸多制约因素导致的问题，并切实提升图书馆的影响力。

三、云平台在总分馆制建设中的定位

（一）构建图书馆云平台的目的

构建图书馆云平台主要有三个目的：一是让图书馆的各种软硬件资源和应用在云平台的统筹调配下实现价值最大化。二是保障图书馆总分馆制的有效运行，通过统一采购、集中编目、通借通还等方式，达到合理分工、共同负担、分别保存、合并使用的目的。三是将行政管理变为行业管理，将分馆和基层站点的人财物事均纳入总馆统筹管理范围，达到"集中投入、合理分工、统一管理、高效共享"的目的，建立起国内国际通行的现代化图书馆总分馆制云平台服务体系。

（二）云平台建设目标

以《指导意见》及《服务保障法》为导向，围绕县级总分馆制建设目标和发展方向，引入高端 IT 技术和先进硬件设备，建设分布式公共文化资源库群，搭建以云平台服务为中心的数字图书馆虚拟网，建成优秀中华文化集中展示平台、开放式信息服务平台和国际文化交流平台，打造基于新媒体传播和服务的公共文化服务新业态，最终构建起设施一流、覆盖全面、服务高效、实力强劲的区域图书馆共享集群。

（三）遵循原则

1. 开放原则

图书馆作为现代公共文化服务的主要阵地，最大限度地为公众提供文化服务是其根本性任务。在构建图书馆云平台过程中，首要目的就是要满足公众的阅读需求，因此，开放原则必然是其首要原则。为此，在云计算平台、存储架构、操作系统平台、软件平台、网络架构、安全平台、云存储、云桌面平台等建设方面，在采用主流技术支撑和通用标准体系的基础上，要最大限度地确保其开放性能。

2. 先进原则

打造图书馆云平台服务模式，应着眼于发展和创新大局，采用目前最先进的软件技术和开发工具，以保证服务系统在国内处于领先地位的建设优势，以及保障该技术在未来 3~5 年的前瞻性、先进性和硬软件更新的无障碍性。

3. 实用原则

实用原则是云平台建设的基本原则，在确保技术先进成熟的同时，还需降低进入平台的门槛高度，消除应用壁垒。在系统设计和服务实现方面都应考虑云平台服务对象的阅读习惯和新技术适应运用能力，尽量降低服务对象进入云平台的操作难度，才能最大化地保证服务对象群体的稳定和持续扩大。此外，还需切实做到图书馆资源高度共享，用户界面直观、简洁、易用、高效，才能把图书馆云平台系统建成结构合理、内容丰富、功能齐全、界面友好、实用好用的优秀系统。

4. 标准原则

标准原则是对标国际国内连接端口、实现资源整合共享、提升服务质效的重要原则，为实现一体化、协作化、同频化发展进程打通了连接窗口。在技术上，采用国际认定标准和工业制造标准，购买最先进的设备和技术；在管理上，借鉴沿海大城市、一线发达城市的优秀经验，确保不走弯路、不盲目求新；在融通上，数据应用和代码体系遵循国家和行业的相关技术标准，兼顾技术未来发展方向和产品长期稳定性，保证云平台系统的运用周期和性能性价比。

5. 易维护原则

应用软件需求界定困难且需求变化在所难免，为方便今后维护，应用软件的设计和编码必须充分考虑软件结构的简洁性、通用功能的模板化和编码的可读性，从而保证未来升级换代的易维护性和可继承性。

6. 安全可靠原则

云平台系统必须具有一定的诊断、测试和监测能力，才能保证系统运行的安全性。同时，应制定和完善应急措施，采取多种应用软件保障用户数据的完整性；应用有效的数据备份和恢复手段，确保系统的高可用性和灾难可恢复性；对网络用户实施统一管理，实现用户信息存取的身份识别、资料保密和权限控制。

可靠原则表现为：合理分析、构造整个系统的结构体系，智能化设计每一个软件系统，细致严谨地设计网络系统运行模式等。同时，定期检验和提升整个系统和网络的性能，保障数据安全可靠地存储、处理和传输。

（四）云平台对图书馆总分馆制建设的意义

图书馆云平台将图书馆的数据资源与处理能力整合到同一平台，由应用程序发起资源调配请求，服务器和存储器对用户需求进行响应，可打造智慧化、智能化、智享化的一站式信息服务平台。云平台在图书馆总分馆制建设中的引入，弥补了传统总分馆站点式布局的缺陷，消除了人财物归属不统一的障碍，打破了服务人群和时段受限的僵局，构建了5分钟阅读圈、碎片式阅读、深度阅读、优质阅读等多种阅读方式，提高了现代公共文化服务效能，为助推"全民阅读"进程和构建书香社会提供了全新的实践路径。

四、基于图书馆总分馆制建设的云平台设计

（一）建设理念

把云平台应用于图书馆总分馆制建设体系，旨在充分利用现代信息网络技术，创新服务方式，丰富服务内容，助推服务延伸，完善服务体系，为社会公

众提供多样化、个性化的服务。通过统一规划、协调管理、资源共享，发挥事业单位整体优势，突破传统格局发展瓶颈，建立与现代城市相适应、设施布局合理、资源共建共享、服务方便高效的公共图书馆智慧化服务体系。

（二）架构布局

在不改变原有总分馆网络框架的基础上，通过在总馆（中枢）、分馆（分支）及基层公共文化站（端口）部署云平台系统及组件，构建城乡一体化、入网同步化、服务网格化的大平台运行体系，让公众既可在总分馆和基层站点内享受网络和传统媒介服务，又可利用手机、iPad 等设备登录图书馆云平台，获得信息服务；还可采用 VPN 的方式进入云图书馆，实现居家阅读，全面构架起全时段、全地域、全方位的云平台，服务覆盖大格局（如图1所示）。

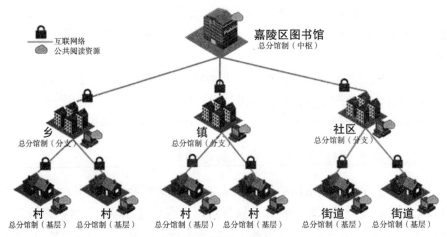

图1　区县总分馆架构布局（嘉陵区）

（三）实施步骤

结合县级图书馆总分馆制现有体系，参考南充市内各县级图书馆云平台和国内图书馆云平台的构建方式，可将实施步骤分为四步。

1. 服务器聚合阶段

针对业务系统的硬件转换和升级改造，将服务器进行整合，以优化资源配置和提升处理能力，引入服务器虚拟化、超融合、桌面云等技术。

2. 数据中心管理提升阶段

借助服务器虚拟化、超融合、桌面云技术，增强数据中心和云桌面的可用性、灾难备份、资源动态分配和应用交付，达到优化数据中心管理和云桌面运维的目的。

3. 平台系统及数据安全升级阶段

购买先进的平台管理系统，构建完整的安全体系，在各个层次布置相关安全监控，保障物理资源、虚拟化平台、系统应用、数据资源和用户访问的安全，确保用户获得稳定、可靠、安全的服务。

4. 云存储业务平台部署阶段

安装和部署云存储业务综合平台，实现对公共文化资源的共建共享，拓展总分馆制阅读资源的应用区域，完成对所有分馆和基层站点的全覆盖。

（四）整体设计

在软硬件设施配备完成后，基于县级图书馆总分馆制建设的云平台还需完善三个板块内容的设计：数据中心私有云平台、图书馆桌面云平台、网络安全平台。

1. 数据中心私有云平台

（1）平台设计图例（如图2所示）。

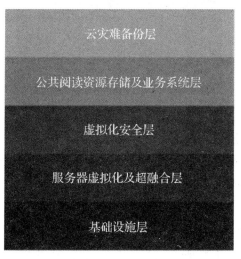

图2　数据中心私有云平台设计

（2）平台结构层级。

数据中心私有云平台基于先进、稳定、成熟、标准化的云计算技术构建而成，分为五层结构：基础设施层、服务器虚拟化及超融合层、虚拟化安全层、公共阅读资源存储及业务系统层、云灾难备份层。

• 通过服务器、存储（可选）及网络设备搭建基础设施层。

• 服务器虚拟化整合计算机网络，超融合汇聚分布式融合存储，构建统一的虚拟资源池。

• 虚拟化安全防护（可选）为云基础平台提供防病毒、入侵检测、防火墙控制等网络功能虚拟化能力。

• 在云基础平台搭建成功后，依次部署公共阅读资源存储、通借通还系统及图书馆各大业务系统，构建统一的业务平台集群。

• 通过灾难备份一体机为云基础平台数据及业务系统保驾护航。

2. 图书馆桌面云平台

（1）平台设计图例（如图 3 所示）。

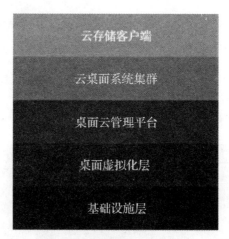

图 3　图书馆桌面云平台设计

（2）平台结构分类。

图书馆桌面云平台通过 VDI（Virtual Desktop Infrastructure，虚拟桌面架构）桌面云技术搭建，由基础设施层、桌面虚拟化层、桌面云管理平台、云桌面系统集群及云存储客户端等五层架构组成。

• 基础设施层由一台云桌面服务器及网络设备承载，是提供计算、存储、网络等能力的物理基础架构。

• 桌面虚拟化层通过部署裸金属架构的 VDI 桌面云软件实现。

• 通过在桌面虚拟化软件中安装桌面云管理平台，满足集中管理的需要。

• 云桌面系统集群由桌面云管理平台批量构建，并部署云终端设备以访问云桌面。

• 云存储客户端为用户提供分馆向总馆的双向数据存储、访问、共享需求。

3．网络安全平台

（1）平台设计图例（如图 4 所示）。

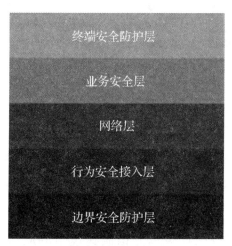

图 4　网络安全设计

（2）平台层级组成。

网络安全采用国内自主可控安全防护系统构建，分为五层：边界安全防护层、行为安全接入层、网络层、业务安全层、终端安全防护层。

• 在边界安全防护层部署 FW、IPS、IDS 或下一代防火墙以保护云数据中心。

• 核心交换机处旁挂上网行为管理及 VPN 组成行为安全接入层。

• 通过接入交换机汇入核心交换机，组成核心网络层。

• 云数据中心内部通过配置防火墙设备补充服务器 IDS 负载均衡、Web 防火墙及网页防篡改等功能，确保业务系统的安全。

• 终端安装安全杀毒软件，保障办公区域及电子阅览室云桌面的安全运行，并通过互联网给读者提供外网服务和分馆业务服务。

综合上述平台设计，县级图书馆总分馆制数字图书馆公共文化资源云平台整体设计如图 5 所示。

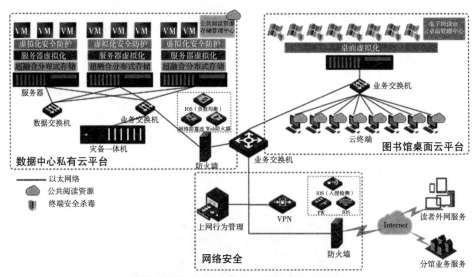

图5　总分馆制数字图书馆公共文化资源云平台整体架构

五、云平台服务在县级总分馆制建设中的应用

（一）消除阻碍总分馆制发展的制约因素

南充市地处四川盆地东北部，是典型的丘陵地带。由于受自然资源、区位环境、基础设施等地理和现实因素的制约，县级图书馆总分馆制建设虽然取得了一定的成效，但仍面临馆站面积不足、人员协作失调、资源整合度不高、服务效率较低、公众受益面偏窄等困难。

图书馆云平台的建设实施，有效解决了制度、场所、协调、资源、效率等方面存在的短板，充分利用了各个图书馆的各种优势，切实消除了阻碍县级图书馆总分馆制建设和发展的制约因素。云平台的服务终端模式的多样化使公众可以用电脑、手机、平板等获取动态化信息资源，改变了传统到固定场馆阅读的局限，使场馆面积不足、人员不够、开放时间不长等因素不再制约图书馆的服务效能。同时，云平台构建起新型的知识服务、知识管理和知识合作交互模式，打破时间、空间、地域局限，实现图书资源、知识和服务的按需供求，从而改变了传统图书馆"生物链"中各个角色和功能单一的线性关系。通过云端实现图书资源和公共服务的统一整合，让读者既能随时随地进入云图书馆，又能通过云平台的技术快速精准地获取信息，进一步提升了资源整合和服务效率，拓展了公众受益层面和阅读群体，推动总分馆制服务触角连接到每一个阅读角落。

(二) 革新现代公共文化服务模式

20世纪90年代到21世纪初，为深入发挥图书馆的主体职能，提升图书馆公共文化服务能力，确保大众能切身体会到文化发展的成果，南充市图书馆不断丰富文化传播和服务方式，采取"五送""十进"等多种方式将文化送进乡村、社区、学校、单位，助推文化事业的逐步迈进和平衡发展。在图书馆界开启探索总分馆建设模式以后，南充市图书馆围绕建设目标要求，指导、协调各县级图书馆打造"总馆—分馆—基层公共文化站"三级总分馆制架构，构建起县乡村一体化服务的区域服务网络大格局，把"送文化"转变为"种文化"，让文化资源薄弱的农村地带充分感受到社会主义制度的优势和文化服务的提档升级，进一步夯实文化传播的深度和质效。

云平台服务引入总分馆制建设以后，"种文化"将上升为"衍文化"。网络"云"的信号全辐射、地域全覆盖、端口全兼容，革新了传统的"迎进来""送出去"的文化传播和服务模式，将信息资源和文化知识传递至每一个角落、每一个人的身边，让需要服务、想要学习的人在任何一台电脑、手机或平板等设备上轻轻一点，就能接受信息的传递、知识的熏陶。图书馆云平台创新的现代公共文化服务模式，可放大文化吸引、文化容纳、文化渗透的效能，在每个人自主阅读、高效阅读、智慧阅读的氛围下，衍生新的文化内涵，为提升社会文明和构建书香社会打下坚实的基础。

(三) 重构多元化的文化产业发展大格局

现代公共文化服务不仅要传播信息资源和文化知识，还要立足于文化艺术的传播、发展和繁荣。无论是前期的"送文化"方式，还是中期的总分馆模式，在推进文艺事业发展、提振文旅产业活力等方面都存在较大的局限性。一台文艺活动反复多场次展演，不但浪费人力、物力、财力，而且受众面较窄，基本不能实现预期目标；一次文旅资源推广也只能让固定对象、当地群众感受到其优点和优势，却不能将其特色完全呈现在大市场中、展现在所有人的面前。

引入云平台服务模式以后，无论是文艺活动，还是文旅资源推广，以及所有对文化、经济、旅游、学术和艺术等有促进和传承作用的活动，都可以通过视频连接到云平台板块内，让人们既可现场观摩，又可接入云端远程观看视频直播，还可以线下线上及时互动，更可以随时通过资源检索按需择优地进行选择性观看，极大地提高了服务效率，方便了广大群众。云平台超强的处理能力、良好的兼容特性、丰富的资源内容、强大的存储阵容、高效的信息传输等诸多优势，使文化产业的发展途径、运营模式、传播方式等发生了根本性的变化，构建起一体化、长效化、多元化的文化产业发展大格局。

（四）实现供需协调统一和资源高度共享

云平台图书馆为现代公共图书馆打造新型的文化管理集约、服务高效快捷、供需协调统一、资源高度共享的文化产业发展和服务新业态，可彻底改变现有"产业链"中各模块单一功能的串联关系，对资源获取与整合方式进行重构，实现资源、知识、服务的按需获取。在总分馆制的建设过程中，各分馆、基层公共文化站等场所始终存在图书存量偏少、种类不丰富、供需不匹配、使用度不高等短板。同时，总分馆制电子阅览室虽提供了图书共享服务，深层次调和了图书资源的不对称性，但其在数字资源利用程度和纸媒供需平衡等方面仍存在一定差距。

云平台通过融入物联网 RFID 技术，实现了资源对需求的自动响应，运用大数据技术对各分馆和基层公共文化站的需求进行分析，助推纸媒资料和数字资源更新和调配，并根据信息访问情况推送相应的服务内容。云平台强大的服务功能，实现了供需协调、标准统一以及资源高度整合、深度共享。一是实现总分馆纸媒借还服务一体化，读者可在云平台获取图书借阅服务，由各馆站根据读者需求将书籍快递到用户手中，用户完成阅读后可在任一馆站办理归还业务。二是实现资源高度整合，现代化的图书馆数据包含纸质图书、期刊、报纸，以及各种数据库、数字化信息资源和读者信息等数据，同时图书馆行业大数据、相关的社交网络数据和其他外源数据不断膨胀，使电子阅览平台负重增加，云平台的大容量特征让海量资源汇聚，为大众提供检索、阅读、获取等优质服务。

（五）改变人们的价值观念和生活方式

随着互联网和高新技术的迅猛发展，人们的价值观和生活方式发生了巨大的转变。短视频、手机游戏、八卦新闻等渐渐成为不少人娱乐消遣、填充内心的生活方式，使部分人淡化了人际交流、偏离了人生价值取向。图书馆云平台的出现，打造了 5 分钟阅读圈，改变了在固定的时间和空间获取资源的方式，使人们不用精心安排时间到图书馆站进行定时定点阅读，随时都可以点开图书馆云平台界面进行碎片式学习；无论是餐前饭后还是等候时间，无论是短暂休息还是资料查询，只要轻轻一点手机，就能智享阅读，真正做到"按需而用、即需即用、快速聚合"。5 分钟阅读模式让等候不再烦躁，让查阅不再困难，让时间更有意义，让生活更充实；同时，这也可以改变人们低头看手机而不再抬头交流的人际淡漠，改变人们文化价值和生活艺术追求庸俗化的取向。

（六）推动文化事业的繁荣发展

立足总分馆制建设目标，各县级图书馆构建了完善的总分馆制三级框架体系，同时深入整合社会力量，将地方特色图书馆、民营图书馆及机关、学校、企业等各单位所拥有的图书室纳入总分馆制建设网络，使资源和服务高度融合。图书馆云平台模式构建后，将各图书服务机构均纳入图书馆云平台体系，既让社会力量享受到平台的红利，又可切实发挥社会力量对平台的完善补充和资源汇聚作用，深入推动区域文化服务体系的纵深发展，进一步助推文化事业的稳步、健康、繁荣发展。

六、结语

县级图书馆总分馆制云平台服务的全面实施，探索出适合南充市情的"互联网＋"模式，打通了文化服务的"最后一米"，让现代公共文化触手可及。云平台以公众的文化需求和信息共享为导向，以"超市化"供应、"菜单式"服务、"订单式"配送的方式为百姓提供文化资源和产业服务，深入推动县级总分馆制建设的完善和升级，逐步实现地方区域内产业快循环、文化事业大市场互循环的现代公共文化服务体系，促使公共文化服务供需双方实现无缝精准对接，持续为经济发展、城市繁荣、乡村振兴注入源源不断的活力。

参考文献：

[1] 陈可珺. 城市图书馆云平台在总分馆建设中的应用研究 [J]. 图书馆学刊，2019（10）：89－90.

[2] 李文楠. 云图书馆在公共图书馆总分馆建设中的应用与思考 [J]. 图书馆工作与研究，2019（4）：124－126.

[3] 刘伟成，程煜，王洪儒. 基于 PLC 的图书馆智能流通管理系统 [J]. 自动化博览，2018（5）：35－37.

[4] 刘惠兰. 公共图书馆总分馆制可持续发展研究 [J]. 合作经济与科技，2019（8）：124－126.

[5] 李晨晖，张兴旺，崔建明，等. 云图书馆：面向网络化服务的资源组合新模式 [J]. 情报理论与实践，2012 (11)：39—43.

[6] 黄鑫. 公共图书馆总分馆制管理模式研究 [J]. 传播力研究，2019 (5)：252—253.

[7] 廖宇峰. 基于云计算的图书馆大数据创新服务探析 [J]. 内蒙古科技与经济，2019 (11)：150—151.

作者简介：

刘军，男，汉族，南充市图书馆副馆长，图书资料研究馆员。

刘雅丽，女，汉族，南充市图书馆信息技术部主任，图书资料副研究馆员。

第四篇

综合管理篇

关于公共图书馆综合服务管理平台建设的探讨

华 红

（南充市嘉陵区陈寿图书馆 四川南充 637500）

摘 要：公共图书馆的管理较为复杂，需要建立完善的服务，采用平台化的管理方式，提高图书馆的管理水平。基于此，本文从体系架构、平台功能、资源共享等方面对公共图书馆综合服务管理平台建设进行分析，以提高管理平台的服务质量，使图书馆的日常借阅管理更加完善，进而对平台功能进行优化，打造优质的图书馆服务。

关键词：公共图书馆；综合服务；管理平台；平台建设

图书馆拥有丰富的资源，只有做好图书馆管理工作，构建良好的服务条件，才能做好综合服务平台的建设工作。信息化是图书馆服务平台建设的重要趋势，将图书资源进行数据化可以使图书资源的管理更加方便，打造便捷的图书馆服务，提高图书馆的信息化水平。服务管理平台可以为读者提供方便，使图书管理工作更加顺利，促进图书馆服务质量的提升。

一、公共图书馆综合服务管理平台建设的重要性

图书馆资源种类丰富，有关部门需要做好服务管理平台的建设，提高图书馆的管理效率。采用统一管理的方式有助于对图书信息进行整合，保障图书馆的服务质量。通过服务管理平台，可以对服务功能进行扩展，便于读者对图书信息进行查阅，为其提供图书的目录服务，使其能够对图书大致内容进行了解，方便图书借阅工作的进行。图书馆需要打造优质的云服务，使读者能够快速地实现资源的检索，以缩短图书检索的时间。图书馆需要合理构建平台管理模式，对管理平台的服务质量进行完善，突出图书馆的服务特色。

二、公共图书馆综合服务管理平台建设策略

(一) 完善体系架构

综合服务管理平台需要具有完善的体系架构，以此来提供有效的服务环境。服务平台需要具有如下体系架构：第一，认证架构。能够对读者的信息进行认证，确定读者的身份和有效信息，以便为读者提供服务，并且可以保障系统的安全性，防止平台被非法登录。第二，检索系统。使平台具有信息检索的功能，为读者提供图书检索服务，方便读者对图书进行查找。第三，智能推送。根据读者的阅读需求，自动为其推荐图书资源，为读者提供智能化的阅读体验。好的体系构架建设可以保障服务的全面性，使服务平台能够顺利地运营。

(二) 实现平台功能

将图书信息进行数字化是保证平台功能实现的基础，并且需要做好图书信息的数字化管理，保障服务管理平台信息的完整性。平台功能建设需要从长远角度考虑，采用分布式的数据存储方式，提高对数字资源的管理水平。一方面，需要注重平台硬件质量的控制，使平台能够稳定工作，保障平台的服务水平。另一方面，需要注重平台功能的实现，建立丰富的平台数字资源，提高平台的管理效率，使图书馆具有良好的服务效果。同时，平台功能需要与网络相结合，使读者可以随时登录图书馆的网站，查看图书信息。在平台功能中，需要注重搜索引擎功能的实现，采用结构化的管理方式，提高图书的检索效率。

(三) 推动资源共享

一方面，图书馆之间需要进行资源共享，建立良好的合作关系，保障图书信息的全面性。另一方面，需要与读者进行资源共享，为读者开放图书信息的下载功能，方便读者对图书资源进行获取，使图书馆能提供良好的资源服务。资源共享可以更好地满足读者对图书的需求，使图书馆的服务形式更加丰富。然而，在共享过程中，需要保障图书馆服务管理平台的安全性，降低资源外泄的风险。在资源共享过程中，需要做好用户的审核工作，确保图书资源能够共享给指定的用户，必要时需要对图书资源进行加密，提高图书信息的安全性。

（四）信息智能推送

为了提高服务管理平台的智能化水平，需要使其具有智能服务的功能，能够将读者信息与图书资源建立联系，对读者的阅读信息进行分析，进而为读者提供图书信息的推送服务。在使用智能推送功能前，读者需要开启该功能，根据自己的阅读习惯，对推送信息进行初步设置，保障推送信息的准确性，实现精准的图书推送。当读者产生阅读信息后，平台会自动对读者的阅读信息进行收集，根据读者经常阅读的信息类型，为读者进行阅读信息的推送，保证推送结果的可靠性。

（五）深入挖掘数据

图书馆需要对数据进行深入挖掘，做好数据的分析工作，为服务过程创造良好的条件。服务管理平台一般具有电子阅览室的功能，读者会频繁地对平台进行访问，进而产生大量的数据信息，这些信息具有一定的运用价值，需要做好关键信息的记录工作，掌握读者的阅读习惯，进而提高数据资源挖掘的效率，保障图书馆的服务水平。数据的挖掘可以促进图书馆服务计划的制订，使服务措施更加完善化。

（六）优化快借服务

在提供图书服务过程中，服务平台需要具有良好的借阅功能，可提供快捷的借阅服务，保障图书的借阅质量，提高图书借阅处理的效率。同时，需要对借阅时间进行严格规定，当临近预定的借阅时间时，服务管理平台需要自动对读者进行提醒，保障读者能够按时归还图书，进而提高图书的管理水平。另外，为了保障图书的识别效率，需要为图书设置电子标签，采用扫描的方式对图书信息进行录入，使图书标签与借阅信息形成对应关系，以快速地完成图书的借阅，实现快捷的图书借阅服务。

参考文献：

[1] 忻蔓琳. 基于信息时代图书馆信息服务平台数据集成应用与研究 [J]. 医学信息，2021，34（19）：19－22.

[2] 蒋春林. 空间再造视角下的图书馆自动化管理系统和图书馆服务平台 [J]. 大学，2021（33）：105－109.

［3］张定红. 互联网背景下图书馆管理信息化建设方法［J］. 信息记录材料，2021，22（6）：170－171.

作者简介：

华红，女，汉族，嘉陵区陈寿图书馆馆长，图书资料馆员。

财务视角下公共图书馆内部控制问题研究

廖秀娟

（仪陇县图书馆　四川仪陇　637600）

摘　要：公共图书馆作为公共文化服务体系的组成部分，属于公益类事业单位，目的是将文化知识以开放性的途径向群众传播，为人们提供知识和技术等理论支持。合理的内部控制是提高公共图书馆管理水平、强化公益服务质量的有效举措。但一些图书馆的内部控制如财务等方面存在一些问题，内控意识缺失、岗位设置不合理、资金管控不足等导致图书馆管理水平难以提高。本文从财务视角分析公共图书馆内部控制存在的几点问题，并探讨了可能的解决对策。

关键词：公共图书馆；内部控制；管理策略

引言

为助推公共图书馆实现更深层次的发展，需要确保财务信息的准确性与真实性，让财务管理工作在各项活动中充分落实，也保证活动能够顺利展开。但从目前的情况来看，一些公共图书馆因为许多因素的影响而存在内部控制效能较差的情况，如管理层人员没能重视内部控制、内部控制岗位分配不够合理等，财务工作的有效性难以得到保障。对此，公共图书馆应从财务的视角分析内部控制存在的问题，在了解内部控制问题的基础上得出对应的解决策略，提高公共图书馆服务质量。

一、公共图书馆内部控制存在的问题

（一）内控意识的缺乏

由于公共图书馆为事业单位，不会面临员工薪酬等方面的问题，不会像普通企业一般存在生存风险，相对较安逸的发展条件可能导致管理层不太关注内部控制工作，甚至认为内部控制制度的制定和落实并不是事业单位必需的；所以一些公共图书馆内部控制的落实存在着管理者内控意识薄弱的现象，对内部控制的概念和意义了解不足或理解偏差。这直接导致财务审计工作难以有效开展，多数情况下只能根据领导的意见执行，从而导致内部控制的执行存在主观性过强的现象，内部控制的作用也无法有效发挥。除此之外，领导人员对于内部控制重视不足也会导致公共图书馆整体忽略内部控制的现象，内部控制工作不能实现常态化，严重影响公共图书馆的发展。

（二）内部控制岗位设置不科学

个别公共图书馆管理层人员对于内部控制的重视不足，片面地认为内部控制是财务的事，但财务部门却难以从公共图书馆整体管理方面实现内控制度的完善与落实，只能结合其他制度或其他图书馆的做法来执行内部控制工作，很容易导致内部控制工作的开展流于形式。岗位设置的不合理，比如审计部门缺失、专业人才匮乏等使得内部控制不能满足公共图书馆发展需求。此外，财务部门兼任内部控制工作必然会导致多岗位兼任的现象，若财务人员专业水准不高，不仅会提高工作压力，还可能导致两头难以兼顾的情况，内控质量难以保障，财务管理工作也因此受到影响。

（三）资金控制力度不足

信息技术快速发展，公共图书馆也开始应用信息技术来创新资金预算管理模式，在控制成本的同时提高准确度。但实践中部分公共图书馆的信息化建设存在一定欠缺，未能实现传统预算模式的有效转化，资金预算控制力度仍然难以有效提高。

二、财务视角下公共图书馆内部控制的有关策略

(一) 加强领导人员内控意识，优化内控环境

公共图书馆内控环境通常表现为内部和外部两种，其中内部环境包括和图书馆内部控制有关的部门，比如审计部门和人事部门。领导人员需要贯彻有关的标准规范，从管理层开始提高内部控制的意识与责任，从而对下属的其他部门产生影响。领导人员在内部控制过程中应当对每一环节进行有效部署，以改善下属人员的工作状态和工作积极性。此外，领导人员还需要将内部控制作为一项长期的内部管理目标，构建科学可行的内部控制制度，将制度细致划分并落实到每一部门和每一人员，对各部门内部控制工作的执行状况进行检查，若发现问题则及时解决。

(二) 设立专业的内部控制部门，提升人员综合素质

内部控制工作需要从财务管理中独立划分出来，不能存在财务部门兼任内部控制的情况，这也是确保内部控制工作可以公平公正展开的基本要素。在设立内部控制部门时，需要结合图书馆自身的发展需求来设计内部控制的有关岗位和工作要求、工作目标等，确保不同部门、不同岗位、不同人员都有明确的职责，在有关的业务环节相互协调合作以及相互督促。此外，图书馆还需要关注人员的综合发展与技能提升，定期进行法律知识培训和技能培训，针对内部控制召开会议，在提升内部控制人员综合素质的基础上提高其岗位意识。

(三) 强化预算业务控制，改进内部控制制度

预算业务控制的强化需要重点做好以下几点工作：其一，进一步做好不同岗位的职责划分。不同环节都要明确职责与权利，保证不同阶段工作的科学性。其二，需要明确预算项目以及涉及资金。在公共图书馆内部控制中，若存在异常的超额项目，各个部门需要对业务的开展费用等进行分析和研究。

(四) 提高资金控制力度

为有效加强财务视角下公共图书馆内部控制的效果，内部资金控制力度的提高至关重要。图书馆管理人员应当全面发挥资金预算管理系统在资金控制中的作用，不断完善资金预算管理模式等。当前信息技术支持下的图书馆资金预

算管理系统大多将财政一体化软件作为载体，在形式方面不仅做到了财务不相容职务的有效分化，也在资金使用方面做到了为经办和审核岗位设立不同操作权限，可以有效提高资金管理与监督效果。但形式上的职责分离并不能确保实践工作中的不相容职位分离，部分单位在资金使用方面仍然可能出现一人兼任两个职位等问题，图书馆领导人员也应当重视并解决这一问题。

（五）构建完善的内部控制考核制度

公共图书馆需要构建内部控制考核制度，内控考核制度不但要根据图书馆自身的管理情况来制定，还需要根据不同部门的日常绩效考核水平以及不同岗位对于内部控制做出的贡献等进行调整。内部控制考核制度的落实不仅可以使工作人员积极性大大提高，也可加强各部门人员的配合，让内部控制制度在公共图书馆中得到全面落实。

参考文献：

[1] 陈庆庆. 财务视角下公共图书馆内部控制问题研究 [J]. 兰台内外，2020（5）：63—64.

[2] 郑煜. 财务视角下图书馆内部控制问题及对策 [J]. 财会学习，2018（28）：244—245.

[3] 程杰. 财务视角下公共图书馆内部控制问题研究 [J]. 纳税，2018，12（28）：147.

[4] 王秀. 财务视角下公共图书馆内部控制问题研究 [J]. 中国国际财经，2017（16）：187—188.

作者简介：

廖秀娟，女，汉族，仪陇县图书馆，图书资料馆员。

公共图书馆如何践行文化自信的国家战略

刘雅丽

（南充市图书馆 四川南充 637000）

摘 要：本文通过阐述文化自信的的提出及内涵，探讨公共图书馆践行文化自信的若干举措，以推动社会主义文化繁荣兴盛。

关键词：文化自信；公共图书馆；乡村文化振兴

公共图书馆是促进文化交流与传播的核心平台，肩负着保存、传承和弘扬传统文化的崇高使命。2018 年，《中华人民共和国公共图书馆法》的实施，更是为公共图书馆践行文化自信提供了法律依据和理论依据，例如该法第一条明确指出："为了促进公共图书馆事业发展，发挥公共图书馆功能，保障公民基本文化权益，提高公民科学文化素质和社会文明程度，传承人类文明，坚定文化自信，制定本法。"① 不难看出，在中华民族实现伟大复兴的壮阔道路上，引导公民坚定文化自信是公共图书馆义不容辞的责任与义务。

一、深刻理解文化自信

（一）文化自信的提出

党的十八大提出道路自信、理论自信、制度自信"三个自信"。2016 年，习近平总书记在庆祝中国共产党成立 95 周年大会上明确提出中国共产党人坚持不忘初心、继续前进，就要坚持"四个自信"，即中国特色社会主义道路自

---

① 中华人民共和国公共图书馆法［EB/OL］.（2018－11－05）［2020－08－10］. http://www. npc. gov. cn/npc/c12435/201811/3885276ceafc4ed788695 e8c45c55dcc. shtml.

信、理论自信、制度自信、文化自信①。从"三个自信"到"四个自信"的迈
进，彰显了文化对于民族的重要意义，揭示了文化是实现中华民族伟大复兴的
精神支柱。

（二）文化自信的内涵

文化自信是对中国特色社会主义文化先进性的自信。坚持文化自信就是要
激发党和人民对中华优秀传统文化的历史自豪感，在全社会形成对社会主义核
心价值观的普遍共识和价值认同。

中华民族源远流长的发展历程，积淀着五千年的文化根脉，承载着中国人
民隽永的精神追求，支撑着中华民族在涤荡起伏的历史长河中生生不息、傲然
屹立。中华民族博大精深的优秀传统文化，是当代中国最深厚的文化软实力，
是中华民族的精神命脉，是涵养社会主义核心价值观的重要源泉。在实现中华
民族伟大复兴的征途中，中华优秀传统文化为中华民族在激烈的国际竞争中筑
牢根基。

文化自信不是盲目排除外来文化，而是在坚信自身文化实力的基础上，勇
敢接受外来文化的冲击，虚心学习外来文化的先进部分，坚持自力更生、发展
创新，创造出更优秀的文化成果，推动社会主义文化更加繁荣昌盛。

文化自信，说到底是对民族最根本的自信。在民族奋进的道路上，文化自
信是一个民族凝心聚力、砥砺前行的精神支撑。

二、图书馆践行文化自信的举措

（一）大力弘扬中华优秀传统文化

公共图书馆应抓住每一个弘扬中华优秀传统文化的契机，在群众中广泛开
展宣传与教育工作，要主动弘扬正气、弘扬传统文化、弘扬民族精神，传播正
能量，培育公民的核心价值观，增强公民的文化自信，增强民族凝聚力。

在传统节日、重要纪念日组织的宣传活动和庆典不能流于形式，既要注重
丰富而深厚的文化内涵的体现，还要注意将知识性与趣味性相结合，唤醒民众
对传统文化的渴望。

---

① 习近平：《在庆祝中国共产党成立 95 周年大会上的讲话》，《人民日报》，2016 年 7 月 2 日第 2
版。

对于传统艺术、民风民俗等，公共图书馆可以通过知识讲座、文化展览、趣味活动以及发放文创产品等多种方式，将这些传统文化植入百姓的日常生活中，让传统文化在生活中触手可及，达到"随风潜入夜，润物细无声"的效果。

与学校、机关企事业团体、社区和乡村等联合，对不同人群开展具有针对性的传统文化知识的宣传与教育工作。

（二）通过全民阅读平台培育公民文化自信

文化的提升，离不开阅读的支撑。全民阅读是文化传播的基本方式，是坚定文化自信的重要途径。全民阅读要有效地继承和发扬传统文化，培养全民阅读意识，提高全民素养，推动社会主义文化繁荣兴盛，为实现民族复兴的中国梦构筑精神支撑。

图书馆可以通过以下途径来培育公民的文化自信：

（1）重点打造"世界读书日"活动，推动书香社会的建设，全面提升公民的阅读水平，为坚定文化自信夯实基础。

（2）重视开展以文化自信为主题的阅读推广活动，提升公民的民族文化认同感。

（3）打造有主题特色、城市特色、地域特色、民族特色的书香品牌，使全民阅读的理念深入人心。

（4）积极开展书目推荐工作，营造重视阅读、崇尚学习的良好风尚。

（5）加强资源建设，构建图书馆经典阅读体系，重点体现文化自信背景下的优质阅读资源，设立"中华优秀传统文化""文化自信"或"文化强国"专架。

（三）提升公民信息素养能力

国际图书馆协会联合会将信息素养教育放在图书馆与社会发展的重要位置。中国图书馆界也在 2019 年发起《中国公民信息素养教育提升行动倡议》，以推动中国公民信息素养教育的普及与发展。

1. 什么是信息素养

信息素养的内涵包括四个方面：

（1）信息意识，指人们对情报现象的思想观点和人的情报嗅觉程度。

（2）信息能力，也可以称为信息技能，即有效获取信息、处理信息、利用信息的能力。

（3）信息道德，指人们在信息活动中应遵循的道德规范，如保护知识产权、尊重个人隐私、抵制不良信息等。

（4）终身学习的能力，获得终身学习的能力是信息素养教育的最终目标。

2. 公共图书馆如何提升公民信息素养能力

（1）注重阅读学习兴趣的引导。打造优美的图书馆阅读环境，让读者来了就愿意静下心来学习，增加趣味互动的现代化设备等手段，激发读者的兴趣。

（2）加强图书馆馆员的信息素养能力。

（3）优化馆藏资源配置，包括实体资源和数字资源，更好地满足读者的需求。

（4）建立和完善信息素养教育平台。

（5）开展丰富多样的信息素养服务。

（四）助力振兴乡村文化

乡村是延续传统文化的重要载体，乡村文化是中华传统文化的重要组成部分。振兴乡村文化是培育乡村文化自信的先行条件。公共图书馆助力振兴乡村文化，可以通过以下途径：建立农家书屋，并促进农家书屋的有效利用和持续发展；定期持续送书下乡，要精选有利于乡村精神文明建设、适合乡村可持续发展、关心老百姓身心健康的文献；深入乡村开展阅读推广、知识帮扶、公益讲座、技能培训等宣传教育工作；不断提高乡村的现代化、信息化、网络化服务水平；注重保护和传承乡村传统文化；注重培养基层文化工作者的服务意识和服务水平，开阔基层文化工作者的视野，使他们主动积极地承担起文化传播的使命和责任。

参考文献：

[1] 覃正爱. 谈谈中国共产党人的"四个自信"［N］. 光明日报，2018-01-24（11）.

[2] 吴建中. 信息素养贯穿于整个学习人生［J］. 图书馆杂志，2019，38（8）：4-6.

[3] 姜亦强. 高二学生信息需求与信息行为现状研究——基于承德一中的个案研究［D］. 保定：河北大学，2012.

作者简介：

刘雅丽，女，汉族，南充市图书馆信息技术部主任，图书资料副研究馆员。

新理念下基层图书馆改革路径研究

谭歆治

（顺庆区图书馆 四川南充 637000）

摘 要：随着我国进入社会主义建设的全新时期，对于新理念下基层图书馆改革路径的积极探索，可以对基层图书馆的经营与发展起到良好的指导作用，使其更加符合新理念下国家文化建设的切实需求。本文首先分析了基层图书馆的重要性，其次分析了新理念下基层图书馆面临的新形势与新任务，最后从服务化、标准化与信息化三个方面提出了新理念下基层图书馆的改革路径。

关键词：新理念；图书馆改革

引言

作为地区公共文化服务的核心，基层图书馆一直以来都肩负着储存文化资源、传播文化、提升基层民众文化素养的重任。随着近年来我国区域经济的快速增长与党和国家政策的大力支持，基层图书馆迎来了全面的升级与转型，但与此同时，随着用户多元化文化服务需求的水平不断提高与行业竞争的不断加剧，基层图书馆面临的挑战也日益严峻。在新理念的背景下，基层图书馆为了提高自身对于新形势、新任务的适应能力，就需要积极探索一系列有效的改革路径，从服务化、标准化与信息化等方面，实现基层图书馆的稳定运营与可持续发展。

一、基层图书馆及基层图书馆改革的重要性

基层图书馆对于一个地区文化建设水平和经济建设水平的提升都具有至关重要的作用。第一，基层图书馆可以为群众提供日常所需的文献资料查询服务

与信息阅读服务。群众可以在基层图书馆中查询到自己所需的图书、资料等各类信息资源，因此基层图书馆在提升人民群众知识文化水平、提高人民群众综合素养上具有至关重要的作用。第二，基层图书馆可以有效促进社会发展。由于基层图书馆是一个文化信息集成的场所，因此其在促进人民群众文化素养提升的同时，可以间接提高社会层面的精神文明建设，从而形成良好、积极向上的社会风气。第三，基层图书馆会保管与储存具有地域特色的文化资料和各类信息资源，如一些具有重要历史价值、人文价值与地域特色的文献资料等。由此可见，基层图书馆无论是对于个体的文化素养发展，还是对于社会文明的建设，都具有不可或缺的重要作用。在各类新兴文化不断发展的今天，更应重视基层图书馆的发展与改革，进一步丰富基层人民群众的文化生活，弘扬地方特色与传统民族文化。

二、新理念下基层图书馆面临的新形势

（一）公共文化需求进入新阶段

作为公共文化服务的重要组成部分之一，基层图书馆一直以来都是基层人民群众丰富自身精神文化生活、地方政府弘扬与传播地域特色文化的重要途径。基层地区人民群众的经济发展与精神文化生活需求越来越呈现多元化与个性化的发展趋势，也对基层图书馆文化多样性与服务个性化提出了更高的要求，对此，基层图书馆必须紧密结合我国民众的实际需求，分析新理念下公共文化服务的发展方向，及时对自身的服务、管理、内容进行更新与改革。

（二）现代化信息技术手段不断发展，消费者需求多元化

与城市公共图书馆相比，基层图书馆现代化信息技术手段的应用能力仍旧较为落后，基层图书馆只有积极构建数字化文献资料管理平台，才能满足"互联网+"时代下基层民众的精神文化生活需求。随着信息化时代的来临，民众获取文献信息的方式变得更加快捷化与智能化，对于精神文化生活的消费需求也变得更加多元化与个性化，基层图书馆已经不再是民众获取文献资料、进行书籍阅读的唯一方式，因此，新理念下的基层图书馆必须紧跟时代发展步伐，积极引进先进的现代化信息技术手段，及时掌握当今社会民众的精神文化消费需求，并以此对自身提供的文化服务进行优化与完善，充分发挥基层图书馆对于社会文化发展的积极作用。

三、新理念下基层图书馆的改革思路

（一）服务化

随着新理念的不断发展，越来越多的基层图书馆对于自身定位有了更加清晰的认知，基层图书馆首先应重视自身的服务化功能，并将服务化作为自身改革发展的核心理念，只有这样，才能为基层图书馆的改革提供正确的方向。其次，基层图书馆应对自身管理模式中的服务化功能进行改革，具体体现如下：第一，适当调整自身的开放时间。在当今高速发展的时代，许多民众只有下班后才可以到基层图书馆中进行学习，基层图书馆应合理延长自身的开放时间，从而为社会民众提供更多的阅读、学习时间。第二，基层图书馆应当加强自身的环境建设。良好的阅读环境是提升社会民众阅读、学习体验的重要途径，因此基层图书馆应加强自身的环境建设，从灯光、卫生、设施等方面为社会民众营造舒适温馨的阅读学习环境。

（二）标准化

在新理念下，标准化已经成为基层图书馆另一个重要的改革方向。标准化即基层图书馆各项工作的开展都应严格遵循相关的标准，并按照相应的规章制度进行人员、馆藏书籍的管理，从而提高基层图书馆的运营效率与改革质量。首先，借阅管理标准化。基层图书馆在为社会民众提供借阅服务时，为了进一步规范民众的借阅行为，应建立相应的借阅标准，从而提升基层图书馆整体的借阅工作质量。其次，图书馆管理标准化。由于一些基层图书馆长期以来疏于管理，图书分类、图书采购、图书管理等工作存在着许多不规范，而基层图书馆管理的标准化，可以有效提高基层图书馆的整体工作水平，如建立严格的图书采购标准、图书分类标准、图书管理标准、破旧图书维修更换标准等。由于基层图书馆的管理是一项专业性强、复杂程度高的工作，因此标准化发展对于新理念下基层图书馆的改革具有重要的意义。

（三）信息化

随着"互联网＋"时代的到来，信息化发展也成为新理念下基层图书馆的重要改革方向。因此，基层图书馆应积极发挥现代化信息技术手段的作用，将信息技术与自身的管理模式有机融合，具体方式如下：第一，在基层图书馆的

管理中融合信息化技术手段，如构建线上图书查阅平台，使社会民众在家中通过互联网便可以查询基层图书馆是否有其想要的书籍，突破传统图书馆查阅模式的时间与空间限制。第二，在图书管理中引进信息化技术。基层图书馆可以通过将馆藏图书录入信息系统中的方式，提高自身图书管理工作的效率。但在基层图书馆开展信息化改革的过程中，也应注意对于信息技术风险的防控，避免重要的文献、图书资源泄露。

结语

在新理念下，基层图书馆只有顺应时代的发展，将改革创新的理念融入自身工作的方方面面，结合社会民众的精神文化生活需求，才能制定更有针对性的改革措施，为社会民众提供更加高效、便捷、优质的文化服务，提升我国整体的文化软实力。

参考文献：

[1] 何光伦. 新理念、新思路、新举措——新形势下四川省图书馆的发展路径 [J]. 四川图书馆学报，2016 (2)：2—5.

[2] 华婧. 论新理念下公共图书馆服务模式重构与创新 [J]. 河南图书馆学刊，2020，40 (7)：4—6.

[3] 彭芬. 新理念下基层图书馆管理模式的改革思路分析 [J]. 兰台内外，2020，290 (17)：28—30.

[4] 王红珍. 数字化时代高校图书馆管理与服务的新理念 [J]. 新教育时代电子杂志（教师版），2019 (29)：177—178.

[5] 李保东，胡利勇. 基层公共图书馆延伸服务提升策略研究——以东莞市为例 [J]. 图书馆理论与实践，2019 (9)：76—82.

[6] 王国强，聂金梅. 基层图书馆地方文献阅读推广工作探讨——以潍坊市图书馆为例 [J]. 河北科技图苑，2019，160 (2)：72—76.

作者简介：

谭歆治，男，汉族，顺庆区图书馆馆长，图书资料馆员。

"两项改革"后农家书屋提质增效策略研究
——以南部县农家书屋发展为例

袁 琴

(南部县图书馆 四川南部 637300)

摘 要：本文基于"两项改革"后的发展背景，以南部县农家书屋的发展情况为例，分析目前农家书屋存在的问题及其原因，提出农家书屋未来发展的对应策略，以期达到提升农家书屋的质量和发挥农家书屋效能的目的，从而在乡村振兴战略的大背景下，为农家书屋助力乡村振兴战略提供理论基础和实践指导。

关键词：农家书屋；"两项改革"；乡村振兴；提质增效

"两项改革"的全称是乡镇行政区划和村级建制调整改革。它是近年来四川省部署开展的涉及广泛、群众关注、影响深远的重大基础性改革之一。2019年2月，中宣部等十部门联合印发了《农家书屋深化改革创新 提升服务效能实施方案》，明确指出要实现推动农家书屋提质增效，助力乡村振兴战略实施发展的目标。"两项改革"对农家书屋怎样提质增效，如何助力乡村振兴提出了新的更高的要求。

农家书屋的提质增效包括提升发展质量与发挥服务效益两个方面，这两个方面是有机统一的。农家书屋发展质量是发挥服务效益的有效基础，服务效益的体现又会反作用于发展质量，二者相辅相成。笔者从2013年开始到南部县图书馆工作，在工作中重点负责全县农家书屋建设与业务指导。对农家书屋的发展过程有较深的了解，特别是在"两项改革"后，对农家书屋的发展质量和效益状况进行了重点关注并做了大量的实际工作。下面通过对本地区农家书屋发展状况的分析研究，探讨"两项改革"后农家书屋提质增效的策略。

一、农家书屋发展现状与问题分析

南部县农家书屋工程始于 2009 年，到 2012 年底完成了全县 1039 个农家书屋建设工作。每个农家书屋配备钢制书架 5 个，图书 1500 册，音像制品 100 件，管理制度一套，有专兼职农家书屋管理员，所有图书按要求分类上架，开放时间作统一要求。每年补充更新图书不少于 60 种，开展阅读活动不少于 12 场次。

"两项改革"后，全县共设有 38 个乡镇、4 个街道办事处，83 个社区、408 个行政村。面对乡镇、村社人员调整，资产重组等情况，笔者和县图书馆同事从实际出发，从农家书屋配备、管理、使用和建立长效机制等方面入手，积极部署，科学规划，稳步推进农家书屋有力发展，为乡村振兴提供持续动力。

（一）"两项改革"后农家书屋建设情况

1. 合理化盘活图书资源

在过去，农家书屋以独立书屋为主，面积较小，阅读环境差，图书种类较为单一。"两项改革"后，县图书馆以农家书屋辐射面积、服务人口、服务质量等为依据，将发挥效益好的农家书屋原址保留，并重新命名为××村第一、第二、第三农家书屋。对于发挥效益不好的农家书屋，将其设备、资产统一整合到调整后的行政村，并根据各村的特点、特色增加相关类别藏书，与时俱进，切实盘活放大图书资源。

2. 高标准落实阵地建设

为了让农家书屋效益最大化，将基层优秀农家书屋纳入总分馆制建设，县图书馆打造了全县农家书屋管理运营平台，实现了图书"统一采购，统一编目，统一配送，通借通还，人员统一培训"，数字资源实时更新。推行"一卡通"，让优秀农家书屋与乡镇分馆、县馆实行通借通还，打通管理体制障碍。

截至 2022 年，在全县范围内已高标准建成农家书屋分馆 20 个，每个农家书屋分馆面积在 50 平方米以上，有编目图书 2000 册，阅览座席 20 个，电脑 2 台，同时配置了数字阅读机和"有声图书文化墙"。每个农家书屋分馆年接待读者能力达 5000 人次以上。其中，郑家沟村分馆荣获全国示范农家书屋荣誉称号。

3. 深层次推广数字阅读

近两年来，县图书馆高度重视农家书屋数字化阅读推广工作，通过示范引领，以点扩面，实现平台共建、数据共享、资源共用、发布共阵、互动共融的"五共"格局，成功打造了一批"智慧型一站式"农家书屋分馆阅读服务平台，切实提升了农家书屋数字化阅读推广水平。这一创新举措走在了全市前列。

2020 年底，县图书馆为大王镇羊角山村、大王镇金子山村、八尔湖镇纯阳山村、八尔湖任江寺村、定水镇柏垭观村 5 个示范农家书屋分馆配置了数字阅读机和"有声图书文化墙"。"有声图书文化墙"内容涵盖了党史读物、文学名著、亲子育儿、养生保健、农业技术等图书类别，种类达万余种，每个二维码内的图书定期更换，一码多书。这让农民群众在田间劳作时也能轻松开启听书之旅，促进了纸质阅读向数字阅读的转化，真正实现"乡野村落有书香"。

4. 多维度深化阅读推广

农家书屋不仅要建得好，更需用得好。县图书馆以农家书屋为载体，多维度开展阅读示范推广活动，坚持"书屋伴着文明走"，深化"一月一屋一主题"，开展"我的书屋·我的梦"读书交流、新时代乡村阅读季、《民法典》巡回讲座等一系列主题阅读活动，主推手机 APP 读书、微信等新媒体阅读方式，开创"农家书屋专柜"微信阅读专栏，全面解读党委政府服务"三农"方针政策，关注农民健康与精神文化生活，推动新兴阅读和传统阅读相互促进、互为补充。

5. 肩负新时代文明实践站建设使命

县图书馆在农家书屋发挥助农致富作用的基础上，深入挖掘，整合资源，进一步加强南部县农村基层宣传思想文化工作和精神文明建设，打通宣传群众、教育群众、关心群众、服务群众的"最后一公里"，将农家书屋纳入新时代文明实践站建设部署工作当中。依托党员、公益岗位、村里乡贤人士、文化志愿者等扩充新时代文明实践志愿服务队伍。根据传统节日、节点安排，开展学习实践科学理论，宣传宣讲党的政策，大力弘扬时代新风，丰富群众文化生活，推动形成文明乡风，提振农村群众的精气神。

（二）农家书屋存在的问题

笔者通过实地走访、座谈会、问卷调查、电话随访等形式，对南部县八尔湖镇、东坝镇、升钟镇等重点示范乡镇农家书屋的建设、开放、使用等情况进行了调研，问题汇总如下：

1. 重建设轻管理

南部县农家书屋基本上是在 2009—2012 年全县农家书屋工程时期建成，建成初期使用效果较理想，但是随着农村生活水平的提高，电视、电脑、手机的普及，农民朋友到书屋的次数越来越少，加之没有建立长效的监管机制，日常运行缺乏有力的监督，农家书屋空置闲置、图书丢失、设备损坏，发挥的作用越来越有限。

2. 资金相对紧缺

农家书屋没有专项运行经费，大多数书屋每年仅靠财政部农家书屋出版物补充更新一小部分图书，或者县级图书馆依据具体情况进行一部分书屋的升级改造，其他设施设备没有相关维护费用。

3. 专职管理员少

笔者从工作中总结出，南部县农家书屋管理员兼职比例高达 98.3%。一直以来，书屋没有管理人员编制，缺乏专人管理，绝大多数书屋都由村干部兼职管理。这导致了大多数兼职干部只能做到不把图书弄丢，而不是管好、用好农家书屋的图书资源，更谈不上阅读指导和阅读推广。

二、农家书屋提质增效的策略

（一）加强管理

村干部要切实履行职责，建立健全农家书屋管理机制，将书屋服务效能纳入乡镇年度考核目标，成立监督检查小组，定期开展监督巡查，从制度上压实管理工作，保证书屋正常运行。

（二）整合资源

把农家书屋和村级文化活动场所、文化院坝、私人书院等有机结合，让书屋建设、管理、阅读活动开展等形成示范连片效应，合理降低成本，切实提高书屋的利用率和综合效能。

（三）更新资源

广泛开展农民朋友"你选书我买单"活动，常态化开展送书下乡活动，根据农民群众实际需求配备图书等资源，形成"多看书、看好书、好看书"的阅读氛围。广泛设置数字扫码阅读设施设备，定期更新，让农民可以随处通过手机等智能设备看书、听书，真正方便其阅读，提高其阅读积极性。

（四）人员配置

除了村干部以外，广泛争取乡村退休老党员、退休教师、乡贤人士、文化志愿者等加入农家书屋管理员队伍，通过一定的资金补助和培训，强化管理员的服务意识和服务水平，提高他们的工作积极性。

（五）开展活动

依托农家书屋开展主题系列阅读活动，注重内容的丰富性、形式的多样性、群众的乐见性、服务的长效性，增强书屋的吸引力，有效引导农民朋友到书屋看书读报，提高其阅读兴趣。

三、结语

经过十余年的发展，农家书屋已经从原来的注重数量建设逐步走向追求质量和效益的发展阶段。乡村振兴战略的实施，特别是"两项改革"的实施，对农家书屋深化改革创新，提升服务效能提出了更高的要求；也在地域条件、经济基础、政策环境等方面为其可持续发展提供了良好的机遇。作为新时代农家书屋的工作者，我们应该依据农业、农村、农民的实际发展需要，找出农家书屋存在的问题，探索农家书屋参与乡村振兴建设的更优途径，实现农家书屋的高效可持续发展，有效助力乡村振兴战略的实施。

参考文献：
[1] 周文. 乡村振兴背景下农家书屋提质增效策略研究——以河源市农家书屋发展为例 [J]. 内蒙古科技与经济，2019（22）：6-9.

作者简介：
袁琴，女，汉族，南部县图书馆办公室副主任，图书资料馆员。

图书馆智能知识服务的未来发展分析

张　黎

（南充市高坪区图书馆　四川南充　637100）

摘　要：随着时代的发展进步，图书馆已经成为一类重要的公共服务场所。为进一步满足读者多元化的阅读学习需求，必须着力推进图书馆智能知识服务与时俱进、发展创新。本研究从认真把握图书馆建设新兴技术应用现状、准确理解图书馆智能知识服务创新重要价值、以务实措施推进图书馆智能知识服务创新三个方面，分析图书馆智能知识服务现状、意义以及发展方向。

关键词：图书馆；知识服务；大数据；人工智能

图书馆作为一类十分重要的公共服务场所，不仅有着十分丰富的文献资料资源，还具有传承文化的基本职责。随着时代的不断发展，数字化管理逐渐成为主流模式，既往的图书馆服务方式已经难以有效满足读者日益多样化的现实需求。积极探索在大数据以及人工智能新技术环境下，推进图书馆智能知识服务创新，具有十分重要的现实意义。

一、认真把握图书馆建设新兴技术应用现状

（一）新兴技术应用偏少

目前，数字化程度已经成为衡量图书馆发展水平的一项核心标准。但由于资金以及技术等方面因素的限制，部分场馆数字化服务质量相对低下，成效堪忧。这一情况限制了图书馆作为公共文化服务场所的基本功能。数字化服务质量不高的主要表现有：一是服务形式相对单一，部分图书馆的数字化仅限于自助借还服务，无法有效适应读者切实需求，且服务内容有限，没有带来明显的便捷。二是检索系统相对落后，不能有效融合大数据完成智能化检索，仅仅是

将搜索到的相关内容原样呈现给读者，没有充分彰显数字化优势。三是针对特殊人群的数字化服务还较差，无法有效满足其获取知识的实际需求。

（二）服务创新保障不足

大数据平台的搭建以及人工智能技术的开发、维护以及测试等，都必须投入大量的人力、物力、财力。所以，要促进图书馆智能知识服务创新，必须建立完善对应的保障机制。实际操作中，虽然极大比例的地方政府已经敏锐地意识到了人工智能、大数据等技术的应用对于提升图书馆服务水平的重要价值，且加大了财政资金支持力度，但其创新保障机制还不够健全，造成不少新技术还是停留于测试阶段，并未真正应用于场馆服务，资源浪费比较严重。而且，较大比例的图书馆管理人员思想较为固化，专业技术人才队伍匮乏，相关专业人才流失严重。

（三）文献资源整合乏力

目前情况显示，较大比例的图书馆将资源建设以及整合的主要力量集中于文献型资源方面，十分重视图书、报纸、学术论文、期刊等文献，但推进文献资料电子化进程相对缓慢，文献资料缺失、登记错误等相关问题时有发生。同时，面对海量且复杂的数字资源，要实现与社会信息有效关联，彰显数字化服务与时俱进特征，而目前的整合工作方案大多不够系统清晰。随着时代的发展，视频、录音等多媒体资源也是文献资源的重要组成部分，但较大比例的图书馆对现有多媒体资源开发利用不足，难以有效满足读者的多样化信息需求，制约了智能知识服务水平的提升。

二、准确理解图书馆智能知识服务创新的重要价值

（一）有助于提升建设水平

随着信息技术高速发展，大数据以及人工智能技术已经得到广泛应用。在这一环境下，图书馆作为提供公共文化服务、实现资源共享的重要场所，必须顺应时势，积极落实举措，适应信息化发展，进一步提升建设水平以及管理能力，从而增强吸引力，发挥本职能效。依托大数据平台推进读者情况分析，依托人工智能技术提供多样化的服务，是智能图书馆建设和发展的必然趋势。大数据平台的利用可以有效突破地域限制，实现不同地区场馆互联，确保优质资

源共用共享，可以有效促进不同区域文化沟通，消除地域因素形成的壁垒。充分利用先进信息技术可以全面整合资源，实现科学精准管理，节省人力物力，提升图书馆的建设水平。

（二）有助于弘扬先进文化

随着城市文化建设的不断发展，人工智能以及大数据的深入应用已经不局限于以技术方式改变传统的社会生活方式，而是推进了依托技术手段加快创新、促进发展的新思维。在大数据以及人工智能条件下，创新智能知识服务体系，完全顺应时代变化发展需求，有助于加快弘扬创新先进文化。图书馆收藏有海量的文献资料以及电子数据，是一个地区发展轨迹的详细记录，有助于为开展地方历史研究提供素材。面对复杂、海量、繁多、零散的数据，积极引入大数据分析，可以实现精准录入以及分类，并以人工智能方式精准呈现，进而发挥图书馆推进城市文化建设的作用。

（三）有助于满足读者需求

图书馆的服务质量对场馆发展具有重要影响。随着物质以及精神生活的日益提升，公众对于图书馆提供服务的需要已经不仅局限于信息检索以及书籍借还等基础服务，而是拓展到能够在图书馆参与更加形式多样的文化活动，能够获取到更多有价值的信息资源。实际工作中，较大比例的图书馆受网络阅读冲击，陷入发展瓶颈。而基于大数据以及人工智能等新技术的服务应用可以有效促进图书馆改革发展。管理方要从更高的站位进行思考谋划，进一步融洽和转变图书馆与读者之间的关系，建立健全平等互信的空间，尽可能破除隔阂，最大化满足读者日益增长的文化需求。

三、以务实措施推进图书馆智能知识服务创新

（一）有效整合数字资源

为充分满足读者需求，图书馆要注意将文献、社会、网络、用户等各项信息有机整合，将数字图书馆资源和社会资源关联。多媒体资源是文献资料的重要内容，图书馆要根据实际情况，进一步加大多媒体资源的开发利用力度，以读者喜闻乐见的方式实施展现，切实丰富服务内容以及形式。

（二）科学研判读者需求

读者是图书馆的服务主体，改变图书馆管理方式必须紧密围绕读者需求。因此，推进智能知识服务创新，首先要准确把握读者情况。要紧密依托大数据平台，综合研判一段时间范围读者图书借阅情况，了解其兴趣以及偏好，进而制定科学高效的服务管理工作方案，强化图书馆和读者之间的有机融合。针对获得的数据结果，分析其形成原因，进而差异化地为不同读者提供对应的阅读服务，有助于充分发挥图书馆能效。

（三）高效利用人工智能

在检索知识环节，通过引入人工智能分析技术，紧密结合大数据优势，实现资源的准确匹配，进而帮助读者更快更准地获取到所需资料。在资料的呈现方式方面，紧密依靠人工智能技术，为读者准确提供所需素材，并紧密结合大数据平台，根据读者需求精准推送相关文献资料，帮助读者更全面地获取和了解相关知识。充分应用人工智能及服务机器人，有助于及时回应读者的咨询问题，针对读者制定相关个性化服务措施，提升满意度。

（四）融合推进优质服务

充分利用好人工智能，积极提供无障碍技术服务，也是图书馆改进服务质量的重要内容。语音识别技术具有极大的推广应用价值。语音识别技术不会受到传统人工咨询服务时间、空间以及人力等因素的限制，可以无障碍地满足读者相关服务需求，尤其是可以紧密结合人工智能识别系统，为弱势群体提供必要帮助，推进图书馆公共服务更加人性化、个性化、便捷化、科技化，尽可能满足读者需求。

（五）加快推进数据互联

推进图书馆智能知识服务创新，离不开科学应用大数据平台，离不开不同区域场馆数据互联。鉴于此，不同的相关场馆要加强联系协调，建立完善大数据平台。图书馆之间要尽快完成数据联通，不仅不同场馆文献资料要能够自由流通、借阅以及检索，还要推进跨区域服务共享，最大化满足读者需求。为弥补不同图书馆的信息化差异，可定期举办相关交流活动，分享相关技术应用经验，共享优质资源。

参考文献：

[1] 文晓琴. 大数据、人工智能新技术背景下图书馆知识服务创新 [J]. 科技传播，2021，13（11）：136-138.

[2] 徐锋. 基于人工智能的公共图书馆知识服务探析 [J]. 新世纪图书馆，2021（3）：27-31.

[3] 李晓敏. 论大数据、人工智能新技术背景下图书馆知识服务创新 [J]. 数字通信世界，2020（11）：141-142.

[4] 徐国娟. 浅析人工智能背景下图书馆的知识服务模式 [J]. 文山学院学报，2019，32（6）：105-108.

[5] 董彦. 人工智能背景下图书馆知识服务创新研究 [J]. 图书馆学刊，2019，41（7）：78-81.

[6] 马天舒. 基于用户情境的数字图书馆个性化智能知识服务研究 [J]. 图书馆界，2019（1）：1-3+17.

[7] 熊太纯，王勋荣. 面向图书馆知识服务的智能互动平台研究 [J]. 图书馆学研究，2018（14）：38-42.

[8] 张鼐. 基于智能图书馆的知识服务创新研究 [J]. 内蒙古科技与经济，2018（10）：100-103.

作者简介：

张黎，男，汉族，高坪区图书馆馆长，图书资料副研究馆员。

公共数字文化工程融合发展的现状及思考
——以南充市图书馆为例

赵嘉玲

（南充市图书馆 四川南充 637000）

摘 要：公共数字文化工程是图书馆事业发展的新方向，南充市图书馆在文旅融合的大背景下，大力推进本地的公共数字文化工程发展，取得成绩的同时也发现并尽力解决问题，努力为读者提供个性化的阅读服务。

关键词：公共数字文化；融合发展；资源建设

"十三五"规划末期，在多部门携手共建的努力下，现代公共文化服务体系已初见雏形。2019年，为适应现代信息、科技、网络的发展趋势，突破公共数字文化工程发展中仍存在的瓶颈，推动工程转型升级、深度融合，创新公共数字文化服务业态，提升服务效能，在"文旅融合"的背景下，文化和旅游部制定并发布了《公共数字文化工程融合创新发展实施方案》。方案目标为：2020年底基本建成与现代公共文化服务体系相适应的开放兼容、内容丰富、传输快捷、运行高效的公共数字文化服务体系。

一、公共数字文化工程融合发展的必要性

自2011年党的十七届六中全会提出加强公共文化服务体系建设以来，公共数字文化建设发展至今，取得了显著的成效，基本实现服务网络全覆盖，服务资源体系完善，服务效能迅速提升，保障机制逐步健全，为满足人民群众的精神文化需求，提高全民族文明素质，构建社会主义核心价值体系提供了有力保障。

虽然成果丰硕，但现代信息科技迅猛发展，为了更进一步、更贴合地服务民众的精神文化需求，实现文化强国的宏伟目标，公共数字文化工程在历经十

年的发展后，迫切需要转型升级、深度融合、优化服务、挖掘潜力、开拓创新，以更好地发挥公共数字文化工程对现代公共文化服务体系的支撑作用。

二、南充市图书馆公共数字文化工程融合发展的推进

南充市图书馆积极落实国家政策，将公共数字文化工程融合发展作为图书馆的重要工作部署。南充市图书馆的文化信息资源共享工程、数字图书馆推广工程、公共电子阅览室三大工程，在公共数字文化工程融合发展实施后，逐步从各自独立建设的局面转向融合创新发展的新局面，实现了将公共数字文化建设作为一项整体谋划、统筹协调的战略性工作。

自 2011 年起，南充市图书馆公共数字文化建设历经多年的探索。在总分馆制的管理模式下，截至 2020 年 8 月，已建成覆盖城乡的文化服务网络（区县分馆 9 个，社区分馆 31 个，学校分馆 4 个，党政分馆 11 个，农家书屋 8000 多个），服务重点正在由规模建设转向服务建设；服务资源体系完善，数字资源类型多样、内容丰富，建成数字资源 26TB，并能与国家图书馆、四川省图书馆、县级图书馆、社区馆、农家书屋等实现资源共建共享，服务重点已由内容建设过渡到服务方式的体现上；在服务机制方面，南充市图书馆注重合作联手、优势互补、携手共进的理念，使服务效能迅速提升，同时，图书馆的社会影响力也得到显著提升。以下就是南充市图书馆公共数字文化工程融合发展的主要成果。

（一）参与南充市公共数字文化服务网的建设

2016 年南充市成功创建了全国公共文化服务体系示范区，南充市公共数字文化服务网也应运建成。南充市图书馆作为创建工作中重要的一部分，为公共数字文化服务网的建设提供了硬件、网络和部分技术支持，并且为后期的服务更新和维护做出了应有的努力。南充市公共数字文化服务网为市民提供了全方位的文化服务，市民不仅可以了解文化政策、文化动态，还可以学习文化知识，欣赏文化艺术。南充市公共数字文化服务网十分注重本地文化艺术的传承和发扬。川北灯戏、川北木偶、川北皮影、川北剪纸等非物质文化遗产、民间艺术、风土民俗，都蕴藏着南充古老的文化内涵，凝聚着人们朴质深厚的感情。这些地方文献、地方资源一直是南充市图书馆收集整理和传播发扬的重点。南充市公共数字文化服务网在局领导的重视和图书馆的辛苦付出下，取得

了良好的服务效果，受到南充人民的热切关注。

（二）公共文化大数据平台

在大数据的时代背景下，信息、数据逐渐成为这个时代最重要的构成元素，信息化发展的速度犹如疾风迅雷，互联网作为基础支撑更加不可或缺。国家对公共文化服务体系创建越来越重视，为实现文化和互联网的融合，国家图书馆统一部署了公共文化大数据平台。南充市图书馆于 2017 年成功加入了该平台。该平台用户统一认证、统一标准、互联互通、资源共享、开放兼容、快捷高效，实现了数字资源在基层的便捷获取，并对线上公共文化资源和线下公共文化活动服务的点击量、访问量、参与度、满意度等进行大数据采集与分析，持续提升公共文化服务水平。

（三）网络书香检索平台

南充市图书馆于 2019 年底完成网络书香检索平台的搭建。平台对推广工程建设的数字资源元数据进行整合发布，实现推广工程所建资源的有序整合与统一展示，为用户提供元数据检索、分类导航、特色专题资源等功能，实现多源异构数字资源的可视化展示及一站式访问。

（四）国家数字图书馆推广工程资源联建项目

南充市图书馆从 2017 年开始，连续 4 年争取到国家下拨的专项资金，对南充市地方文献、地方报纸、政府公开信息、视频公开课等资源进行了标准的数字化加工。历年累计加工地方文献 25000 页，地方报纸 5000 版，政府公开信息 16226 条，视频公开课 80 节共计 1600 分钟。建成的项目成果，可以供所有的读者在国家平台、本地平台上自由查阅使用。

（五）吸纳社会力量参与

以北岭颐园分馆为例，2018 年 3 月，南充市图书馆分馆——北岭颐园分馆在社会爱心人士田强先生、阮丽女士以及某有限公司等的大力支持下成功筹建。北岭颐园分馆现藏书 4 万余册，并且十分重视公共数字文化服务的建设，引入门禁、自助阅读机等图书馆现代化专业设备，建设丰富的数字文化资源，采用开放式、主动式的服务方式，为周边 10 万余名社区居民提供丰富的数字文化资源。目前可提供电子图书下载、电子报刊阅读、政府信息公开、线上就业培训、文献数据查阅等公共数字文化服务，完全形成了一个小型图书馆的规模。

三、今后工作拓展的重心

(一) 基础建设已初步到位，未来服务才是关键

在国家大力提倡精神文明建设的前提下，图书馆事业得以蓬勃发展，图书馆的馆舍、运行经费、员工数、图书（报刊）采购、数字化软硬件等方面的建设较好。在这种一路向好的情形下，图书馆人就要运用好所拥有的优势资源，一以贯之地坚持图书馆为读者服务的宗旨，从服务二字上深层次思考，"您读书我买单""24 小时无人值守图书馆""城市书房""图书馆＋""掌上数字图书馆""实物图书馆"……这些都是形式、空间、类型上对读者服务的延伸，图书馆融合餐饮服务、融合旅游服务、融合智慧服务，读者可方便快捷、多元化地接受图书馆的用心服务。

(二) 开阔视野，努力创新，加强人才队伍建设

新时代的图书馆不能坐等读者到馆，各馆应早早地"走出去"。这个"走出去"，除了"服务走出去"，还要有"思想走出去"，走到东部发达地区图书馆，走到国门外去看看。

图书馆人才队伍的建设也是重中之重。人才匮乏、人才管理制度不完善、人才流动观和功利价值观影响、人才激励机制不足、理想与现实的落差诸多因素，是图书馆人才队伍建设的困难所在。对图书馆员进行准确定位、对馆员开展专业的培训、实现人才专业化，甚至把图书馆、图书馆人打造成跨界的KOL（关键意见领袖）、直播带货式的知识引领主播，让图书馆、图书馆人成为新型"网红"，何尝不是新的尝试。

(三) 公共数字文化建设体现区域文化

区域文化应建立共建、共创、交流、互动、互惠的机制和格局。图书馆、文化馆、科技馆、档案馆等公益文化机构可以联合起来，取长补短、互惠互利、携手共进。图书馆可以利用已有的较为成熟完备的硬件设施、网络条件和技术力量，在文化局的统筹部署下，吸收文化馆、科技馆、档案馆的数字文化资源，联手搭建文化科技服务平台，打造本地文旅宣传线上方案；用视频、广告等方式，更好地展现本地文化的整体性、系统性和区域性；进行文创产品设

计开发，以文创产品延伸馆藏旅游文献的价值，结合线上销售线下体验等活动，实现"诗"与"远方"的有效融合，凸显图书馆作为文化资源高度聚集场所在文旅融合推进中的重要作用。

参考文献：
[1] 张梦宇. 公共数字文化工程在基层的融合发展现状及对策［J］. 图书馆研究与工作，2020（5）：18－21.

[2] 魏大威. 浅析公共数字文化工程融合创新发展［J］. 图书馆理论与实践，2019（8）：26－31.

[3] 彭松林. 融合创新背景下广西公共数字文化工程建设实践与思考［J］. 大众科技，2019，21（7）：152－155.

作者简介：
赵嘉玲，女，汉族，南充市图书馆副馆长，图书资料副研究馆员。

文旅融合背景下公共图书馆文创产品开发研究

赵 颖

（南充市图书馆 四川南充 637000）

摘 要：本文分析了公共图书馆"文创＋旅游"的服务模式，将文化创意产品升级作为与旅游业融合发展的突破点之一，通过分析国内外图书馆具有代表性的文创产品、"文创＋旅游"宣传推广模式，以加强图书馆与读者的互动、交流、体验，深化文旅融合背景下的跨界合作。

关键词：公共图书馆；文创；文旅融合

一、公共图书馆在文旅融合中开发文创产品的优势

公共图书馆拥有丰富的馆藏信息资源，是国家文化建设的重要载体。随着新时代的发展和公共图书馆服务水平的提升，许多公共图书馆都开始涉足文创产品开发。图书馆作为传统的文化机构，蕴含着丰厚的文化结晶。大部分图书馆随着"文创热"进入开展文化创意的热潮当中，这也极大地促进了文化产业的群体发展。

"图书馆创意联盟"的成立，意味着中国图书馆逐渐往标准化以及统一化的文创事业方向发展。随着文创产品研发的不断发展，越来越多的图书馆逐渐进入营销文创产品设计工作当中。文创产品的大量运营与发展，还能够使大批群众将图书馆文化"携带"到家里，对图书馆起到宣传作用，同时也对当地文化起到宣传作用。

公共图书馆同样可以开发独具特色且内涵丰富的文化创意产品。公共图书馆开发利用文创产品是文旅融合发展的需要。公共图书馆与旅游景区的有机融合，可以将文化融入当地特色，开发兼具纪念性与文艺性的文创产品，可以起到宣传当地文化和推广阅读的双重作用。设计的"地标文创"纪念品既可提升

景点的人文气息，又能够提升旅游的体验感。

二、图书馆文创开发助推文旅融合的可行性

2019 年 5 月，文化和旅游部举办了全国旅游景区发展与文创产品开发座谈会暨全国文化和旅游资源开发工作会，会议专门就我国文创产品开发工作做了总结，认为我国的文创产品开发在体制机制、创意能力、资源开发利用、创意设计人才培养等方面仍存在诸多障碍。

近些年各大旅游景区推出的"网红文创"，则打破了传统的旅游商品和文创产品的界限，赋予了文创产品更多的定义，有更多的可能性。文创产品的品类不断地更新，越来越贴近生活，也越来越体系化。在未来，旅游文创产品将以"丰富化""生活化""IP 化"这三个主要特征持续发展。

（一）公共图书馆文创产品融入文旅行业的优势

在文旅融合稳定发展的背景下，公共图书馆与文化、文创工作融合发展必将成为新的趋势，形成图书馆与景区或文博单位融合发展的新模式。这种模式无论是在旅游行业还是在文创产品业界都极具优势：①文创产品的研发可以进一步开拓图书馆资源，通过公共文化服务机构这一组织，把相关文化资源逐渐开发成为相应的创意设计，进而使图书馆的读者不单单能享受到阅读的服务，还能通过文创产品产生不同的体验感，从而丰富文化服务内容，一定程度上强化图书馆的对外品牌效应，使得文创产品开发设计在各大图书馆得以推广开来。②各大公共图书馆在文旅融合背景下更加重视文创产品研发，可确立相应的市场竞争思维，同时收获可观的经济效益。③省、市级文化和旅游主管部门高度重视文创产品研发活动，由政府进行主导，各协会、高校以及设计企业进行辅导，一起推动文创活动的开展；同时还针对文旅行业设计了相应的市场标准。在政府主导推动下，文创产品研发得到了极大的发展。

（二）公共图书馆文创产品亟待改变思路

在文旅融合时代背景下，图书馆的这些产品具有商业价值。这些图书馆产品的运用价值主要包括商品的审美性、纪念性以及独创性。现阶段的图书馆文创研究重点主要在其观赏性与审美性上，却忽视了设计的本质，千篇一律的设计不具有价值，没有深挖当地景区特点和当地的旅游文化，产品本身就不具有吸引力和竞争力。

大多数图书馆研发的文创产品通常都是为了进一步回馈读者，或是开展某活动所提供的纪念品，其同样也具备旅游产品的性质，但并没有被开发与关注。虽然公共图书馆作为公共文化服务机构，本身不具有营利性质，也没有单独设立文创开发的专项经费，文创商品售卖的相关条例也不明确，存在文创商品管理机制滞后的相关问题；但是目前公共图书馆界已经拓宽了文创开发思路，例如故宫博物院与阿里共同推出的线上文创商品，阿里与中国图书馆共同运营的书店。社会各界的共同支持能够更好地通过合作模式促进图书馆文创产品的深入开发。这些成功的融合开发案例证实了依托文创旅游产品走文旅融合道路的可行性与成功性。

三、国内外图书馆文创产品开发的实践探索

在文旅融合这一大背景下，本文探讨的是文创产品同相关旅游要素相结合而成的产物，也就是以文化为中心，运用创意的方法，生产出使旅游者可以接受与理解并且可以体现地方文化特征、极具体验意义的相关服务或者相关产品。

在文旅融合这一大背景下，不单单是图书馆，博物馆也能够进行文创研发以及营销活动，进而能够更好地促进博物馆同旅游有机结合。国外在该方面最著名的例子当属大英博物馆。这些年，大英博物馆每一年在该方面的投入较多，并且，该方面产品的营销收入也是其核心收入之一。

国内最早实现文创产品与旅游产品高度融合的公共文化机构是故宫博物院。故宫博物院的文创商店位于故宫主景观太和殿的西侧偏房中。故宫博物院文创的发展很大一部分得益于故宫博物院的知名度以及庞大的客流量，得益于大部分国内外游客想要纪念这段旅游经历的想法。数据统计，仅 2017 年故宫博物院文创旅游产品的销售收入就达到了 15 亿元。

部分国内公共图书馆开发的文创产品在本质上忽视了旅游要素，这也是公共图书馆文创产品和旅游文创产品具有差异的最本质的原因。旅游文创产品是文创产品的前进方向和发展趋势，更是公共图书馆实现文旅融合的重要途径之一。

四、注重公共图书馆"文创＋旅游"服务的宣传推广

文旅融合背景下，公共图书馆的文创产品具有丰富的文化属性，与旅游融

合的方式多种多样，凸显了旅游的实用性与精神享受，而"图书馆＋"的本质是"阅读＋"，使游客在不同的旅游情境下体验阅读与旅游的融合。很明显，阅读在公共图书馆文旅融合中占据重要地位。大部分读者对公共图书馆文创的了解更多源于微信公众号宣传，或者是通过图书馆和网站了解，了解渠道很单一，对于"文创＋旅游"这个模式不甚了解。其实在旅游景区、服务中心、车站、酒店等陈列的旅游文创产品很多，但公开售卖的图书馆文创产品则很少。因此，有必要做好全面的宣传工作，加大宣传力度和质量，以多种形式进行优化创新，获取大众的支持。

（一）加强与文旅部门的合作

在图书馆开展非营利性讲座、知识普及、展览培训等活动的背景下，更需要大力贯彻"文创＋旅游"，联系文创产品，从而极大地提高旅游的吸引力。例如，相关地方图书馆每一年开展的旅游日主题以及公民阅读节进行的相关旅游推广活动，为游客设计与书名相关的游览路线，游览图中可以放置各种类型的文创产品，例如小风扇、帽子、眼镜等生活文创产品，激发游客的旅游兴致，从而吸引更多的游客进入图书馆。也可以联系文旅部门，在景点设立图书馆分馆或小型阅览室，在阅览室摆放文创产品，游客在图书馆接触文创产品的过程中，能够更贴切地感受到文创产品传播文化价值的作用。

（二）强化网络宣传与推广

网络时代，在文旅融创的环境下，仅仅通过普通的宣传模式还是有所不足，理应重视技术的运用，重视网络的推广，形成相应的品牌效应。公共图书馆还应发挥自媒体的作用与影响，运用抖音、微信等深受人们喜欢的 APP 进行宣传与推广。

五、总结

总体来说，在国家的鼓励和政策支持下，国内大部分公共图书馆都开始重视文创工作，文创产品的开发水平也得到了较大的提升。公共图书馆应该充分立足自身资源，有效开发特色馆藏；注重文创产品的创意性、特色性；关注文创产品的品牌建设，使产品实现艺术性与实用性的统一；兼顾营销方式的创新与多元化，增加产品进入市场的机会。

参考文献：

[1] 刘晓倩. 我国公共图书馆文创产品营销策略研究 [D]. 大连：辽宁师范大学，2021.

[2] 谢雨. 文旅融合背景下图书馆文化创意产品转型升级探索 [J]. 四川图书馆学报，2021 (4)：18－22.

[3] 马玲. 公共图书馆"文创＋旅游"服务策略研究 [J]. 图书馆工作与研究，2021 (10)：100－104＋109.

作者简介：

赵颖，女，汉族，南充市图书馆，图书资料助理馆员。